Göransson · Lindholm

Nybörjarsvenska

Nybörjarbok i svenska som främmande språk

Kursverksamhetens förlag · Lund

Kopieringsförbud

Detta verk är skyddat av upphovsrättslagen! Kopiering är förbjuden utöver vad som anges i avtalet om kopiering i skolorna (UFB 4).

Den som bryter mot lagen om upphovsrätt kan åtalas av allmän åklagare och dömas till böter eller fängelse i upptill två år samt bli skyldig erlägga ersättning till upphovsman/rättsinnehavare.

Teckningar av Sven Nordqvist

Sjätte upplagan
© 1981 Ulla Göransson, Hans Lindholm
och Kursverksamhetens förlag, Lund
Tryckt hos Kristianstads Boktryckeri AB, Kristianstad 1994 79922

ISBN 91-7434-332-7

38 Juli — en semestermånad 99
Komparation av adjektiv i attributiv ställning   Mera, mest

39 Efter arbetet 101
Ordföljd vid reflexiva verb   Städtermer

40 En skilsmässa 103
Sin-sitt-sina   Civilstånd

41 Den nya bilen 105
Sin-sitt-sina   Minst-högst

42 Ett äldre par 107
Adjektiv och adverb   Adjektiv vid vissa verb

43 Semesterbilder 109
Ordföljd i utropssats   Vad/Så . . .!

44 Lucia 111
Sammansatta verb   Helger och högtidsdagar

45 Ett brev från Ingrids föräldrar 114
Översikt av adjektiv i attributiv ställning

46 Skvaller 116
Proverbet 'göra'   Inte-kanske-nog-säkert-väl-ju

47 Nya grannar 118
Sammansatta verb   Positionsuttryck

48 En tågresa 120
Ordbildning:sammansatta ord   Resetermer

49 Olle söker sommarjobb 122
Placering av satsadverb   Hellre-helst   Årets tider

50 Ett telefonsamtal 124
Deponens   Att fråga efter vägen   Telefonfraser

51 Kristina och kärleken 127
Deponens:alla former

52 En inbjudan 130
Indirekt tal:konjunktioner, ordföljd och personer

53 I tvättstugan 132
Indirekt tal:konjunktioner   Tvättermer

54 Varför? 134
Därför-därför att

55 Förlovningen 136
Översikt över verbens tempus och indirekt tal

56 Influensa 138
Pluskvamperfekt

57 Framtidsplaner 141
Olika typer av futurum   Skoltermer

58 Hissen har stannat 142
Rumsadverb   Stå-stanna-ställa

59 Berits månadspeng 144
Tidsuttryck:frekvens   Kunna-veta-betyda-heta-mena

60 Ett flygande par 146
Presens particip   Arbetsliv

61 Nya kläder 148
Satsbyggnad:genom/utan att   Demonstrativa pronomen
Kläder

62 En tjänsteresa 151
Frågande-relativa-rumsadverb   Determinativa pronomen
Hotell

63 Semester 153
Ingen-inget-inga   Likhet och olikhet   Semesterliv

64 Mycket att tänka på 156
Perfekt particip i predikativ ställning

65 Ulla Nilssons städdag 158
Perfekt particip i attributiv ställning   Sammansatta verb

66 Birgitta bakar 160
S-passiv   Matlagningstermer

67 Ett sommarparadis 162
Formellt subjekt   Visserligen-men   Drygt-knappt

68 Borta bra men hemma bäst 164
Tidsuttryck   Semesterliv

69 Guldbröllop 166
Satsbyggnad:orsaks- och motsatskonjunktioner

70 Det var i Paris som Åke träffade Eva 168
Emfatisk omskrivning   Pluskvamperfekt

71 En bilolycka 170
Konditionalis

72 Ett rån 172
Passivbildning med -s och med 'bli'   Objekt med infinitiv

73 Allemansrätten 174
Man-en-ens/sin-sitt-sina   Ordningstal:för det första

74 Inkomster och utgifter 176
Ju . . . desto   Bråktal   Substantivens form efter vissa ord

75 Jämlikhet, valfrihet, samverkan 179
Så/samma/lika . . . som   Förkortningar

Grammatisk översikt 181
Substantiv   Adjektiv   Pronomen   Räkneord   Adverb   Verb
Tempus och modus   Satsfogning och konjunktioner   Ordföljd

Bildordbok 195
Ett vardagsrum   Ett sovrum   Ett badrum   En hall   Ett kök
En matvrå   Mat och dryck   Kläder och tillbehör
Verktyg och andra föremål   Adjektiv   En stad   Natur och fritid
Väderstreck   Människokroppen   Släkttavla   Yrken
Nationalitet

Så säger man för att . . . 219

Alfabetisk ordlista 221

Presentation
av personerna i huset på Storgatan 12

 **Bo Lundin** är 23 år och ogift. Han är student.

 **Ingrid Ek** är 27 år och frånskild. Hon är sjuksköterska.

 **Mats Ek** är 6 år och är på daghem, när mamma arbetar.

 **Torsten Falk** är 70 år och gift. Han är pensionerad överste.

 **Greta Falk** är 69 år. Hon är också pensionerad.

 **Göran Nilsson** är 43 år och gift. Han är murare.

Ulla Nilsson är 38 år och gift med Göran. Hon är kassörska.

Berit Nilsson är 17 år, och hon går i gymnasieskolan.

 **Kalle Nilsson** är 14 år. Han går i grundskolans högstadium. Han har en katt, som heter Måns.

 **Sven Berg** är 35 år och ogift. Han är trafikflygare (eller pilot).

 **Lena Nyman** är 29 år och ogift. Hon är flygvärdinna.

 **Svea Lindberg** är 59 år och änka. Hon är städerska (eller lokalvårdare).

 **Kristina Sandberg** är 25 år och ogift. Hon är kontorist.

 **Monika Holm** är 24 år och ogift. Hon är sekreterare.

 **Åke Hellström** är 32 år och gift. Han är ingenjör.

Eva Hellström, flicknamn: Bengtsson, är 30 år och gift. Hon är lärare.

Förord

NYBÖRJARSVENSKA är ett heltäckande läromedel för grundkurser i svenska som andra språk. Det är avsett att användas såväl inom invandrarundervisningen som av andra kategorier av svenskstuderande utomlands eller för självstudier.

Textboken omfattar 75 avsnitt, som med ett omsorgsfullt utvalt, centralt ordförråd på olika språkliga nivåer söker spegla aktuellt svenskt samhällsliv med tonvikt på vardagssituationer. Vid sidan av typiska företeelser som Luciafirande och allemansrätten förekommer även vardagsnära situationer som "Vid kiosken" och "I affären". För att stimulera till diskussion tar texterna även upp ämnen som familjemedlemmarnas roller, vardagsekonomi, skilsmässor och invandrarpolitik. Textboken inleds av en presentation av bokens personer, som genom att de alla bor i samma hus på Storgatan ger eleven en sammanhållande referensram.

Tonvikt har lagts vid att genom korta dialoger och idiomatiska talspråkssituationer ge eleven kommunikativ kompetens. Översikten i slutet av textboken med rubriken "Så säger man för att . . ." har samma syfte. Läromedlet strävar nämligen efter att inom ramen för en grundkurs förena en strukturell språkbeskrivning med en repertoar av uttrycksmöjligheter för att tillgodose en nybörjares mest fundamentala språkliga behov. Textboken är rik på illustrationer, som kan användas som underlag för konversationer.

Det grammatiska stoffet förmedlas successivt, visualiserat i uppställningar och tabeller i grammatikrutor till de enskilda avsnitten och levandegjorda med illustrationer. En sammanfattande översikt av både form- och satslära i slutet av textboken är avsedd att fungera som ett grammatiskt uppslagsverk och som repetitionsunderlag inför eventuella prov. Här liksom i grammatikrutorna har ett minimum av gängse grammatisk "internationell" terminologi brukats för att ge grammatikorienterade elever ett stöd.

NYBÖRJARSVENSKA söker fylla ett sedan länge känt behov av en överskådlig bildordbok, som placerats i slutet av textboken. Den omfattar närmare tusentalet ord från centrala vardagsområden. Åtskilliga av dess ord förekommer givetvis även i texterna, och eleven erbjuds härigenom en möjlighet att ur två infallsvinklar tillägna sig ett praktiskt ordförråd.

Övningsboken inleds med fonetiska övningar, avsedda att redan från början vänja eleven vid svenska uttalsvanor och befästa känslan för det centrala i svenskt uttal, nämligen de prosodiska egenskaperna tryckaccent, satsrytm och kvantitet och — på fonemnivå — den därmed förbundna vokalkvaliteten.

Förutom mera traditionella övningar för att befästa och automatisera grammatiska strukturer har stor vikt lagts vid kreativa övningar. Dessa har illustrationer, hämtade från textboken så att eleven lätt känner igen sig. Ett antal bildserier i övningsbokens slut ger tillfällen till egen muntlig och skriftlig produktion.

I läromedlet **NYBÖRJARSVENSKA** ingår **kassettband** till textbokens avsnitt. Intalningarna till avsnitt 1—30 (motsvarande nivån Svenska 1) innehåller både en opauserad och en pauserad version. Även övningsbokens fonetiska avsnitt finns intalat på band för att bland annat underlätta självstudier.

Till **NYBÖRJARSVENSKA** hör även alfabetiskt uppställda **ordlistor** till de vanligaste språken. Eftersom de är gjorda i praktiskt fickformat och omfattar inemot 4 000 ord, kan de även tjäna som självständiga fickordböcker. För att underlätta de inledande studierna innehåller de även avsnittsvisa ordförteckningar till de första tio avsnitten.

Lund i januari 1993

Författarna

Innehåll

Presentation 6
Alfabetet 8
Svenska vokaler 10
Svenska konsonanter 11
Svensk accent 12

1 **En familj** 14
   Personliga pronomen   Satsbyggnad:och   Vem/Vad är det?

2 **Ett hus i Lund** 16
   Grundtal   Matematiska uttryck   Ordbildning

3 **Familjen Svensson** 18
   Obestämd-bestämd form   Genus   Satsbyggnad:men, som   Hur gammal är . . .?

4 **Nilssons** 20
   Verbet på plats 2   En-någon-inte någon   Inte . . . utan   Ja/Nej, det har jag

5 **Bo kommer för sent** 23
   Hjälpverb på plats 2   För sent   Klockslag   När börjar . . .?

6 **Birgitta handlar** 25
   Hjäpverb   För att + infinitiv   Priser   Att be om något   Mynt och sedlar

7 **Erik och Olof Svensson** 28
   Inskjuten 'som'-sats   Alla klockslag   Från-till/mellan-och

8 **En frånskild kvinna** 30
   Satsbyggnad:när   Varannan   Varandra   Dygnets tider

9 **Bo Lundin – en student** 32
   Presens   Relativsatser   Ja/Nej, det har/är/gör han

10 **En lektion i geografi** 34
   Genitiv   Det här/där   Vilken/Vilket?

11 **Två flickor i en våning** 36
   Substantivens plural   Också   Samma

12 **Min familj** 39
   Possessiva pronomen   Presentation

13 **Ett vykort** 41
   Ordningstal   Datum   Adjektiv i attributiv ställning   Posttermer

14 **Ingrids rum** 44
   Adjektiv i predikativ ställning   Adjektivmotsatser

15 **En vardagskväll** 46
   Prepositioner   Positioner   Den ena . . . den andra   Möbler

16 **På biblioteket** 48
   Substantivens deklinationer   Adjektiv efter bestämd artikel   Här/hit

17 **Vad gör de?** 51
   Presens   Varför   Satsbyggnad:för

18 **Ett samtal** 53
   Frågor med ja/jo/nej-svar

19 **Vad ska vi göra ikväll?** 55
   Futurum med 'ska'   Futuralt presens   Vilken/Vad för en?

20 **Berit vill ta körkort** 57
   Modala hjälpverb och deras ordföljd   Infinitivmärke   Ingen

21 **Samtal om väder** 59
   Imperfekt   Ordföljd i utropssats   Inte heller   Vädertermer

22 **På varuhuset** 62
   Imperfekt   Butikstermer

23 **En födelsedag** 64
   Oregelbundna adjektiv   Lika . . . som   Att gratulera

24 **Erik fotograferar** 66
   Prepositioner   Personliga pronomen:objektform

25 **Bos dag** 68
   Reflexiva verb, reflexiva pronomen och deras ordföljd

26 **En försäljare** 71
   Imperativ   Att be någon göra något   Skiljetecken

27 **I trappuppgången** 74
   Direkt och indirekt tal   Ordföljd i bisats   Platsadverb

28 **Djur** 76
   Formellt subjekt:ordföljd   Satsbyggnad:så att   Djurtermer

29 **Skolan har börjat** 78
   Perfekt   Satsbyggnad:tidsbisatser   Tidsuttryck

30 **Bo och hans grannar** 81
   Satsbyggnad:så . . . att   Både . . . och/varken . . . eller

31 **Eva och Åke** 83
   Placering av satsadverb   Satsbyggnad:innan   Före-efter

32 **Eva lagar Janssons frestelse** 85
   Ordföljd i frågebisats   Imperativ   Måttsord   Måltider

33 **En intressant bok** 87
   Futuralt perfekt   Oregelbundna adjektiv   Väl = inte sant?   Bibliotekstermer

34 **Frukostvanor** 90
   Ordföljd i huvudsats efter bisats   Mattermer

35 **Lördag hos Hellströms** 92
   Före-under-efter   Satsbyggnad:innan-medan-när

36 **I valtider** 94
   Adjektivens komparation   Se (adjektiv) ut

37 **Ett bra köp** 96
   Komparation av adjektiv i predikativ ställning

Milan Novak är 29 år och gift. Han är tandtekniker.

Maria Novak är 26 år och gift. Hon är livsmedelsarbetare.

Jasna Novak är 8 år. Hon går i grundskolans lågstadium och får hemspråksundervisning.

Erik Svensson är 38 år och gift. Han är bilmekaniker (eller montör).

Birgitta Svensson är 35 år och gift. Hon är hemmafru.

Olle Svensson är 16 år och går i grundskolans högstadium.

Anna Svensson är 13 år och går i grundskolans mellanstadium.

Karin Svensson är bara 2 år.

 **Karo** är 5 år. Det är familjens hund.

Jag heter Erik Svensson.
Vad heter du?

        Jag heter Eva Hellström.

Jag är från Lund.
Varifrån är du?

        Jag är från Stockholm.

Deras adress är **Storgatan 12, 222 38 LUND**

Alfabetet

29 bokstäver

Bokstaveringsalfabet

a		apa	Adam	A
b		bok	Bertil	B
c		cykel	Cesar	C
d		dam	David	D
e		ek	Erik	E
f		fot	Filip	F
g		gris	Gustav	G
h		hus	Helge	H
i		is	Ivar	I
j		jul	Johan	J
k		kaka	Kalle	K
l		lamm	Ludvig	L
m		mamma	Martin	M
n		nio	Niklas	N
o		os	Olof	O

 **Bokstaveringsalfabet**

p		pappa	Petter	P
q		Quist	Quintus	Q
r		ros	Rudolf	R
s		sol	Sigurd	S
t		tåg	Tore	T
u		ubåt	Urban	U
v		val	Viktor	V
w		watt	Wilhelm	W
x		xylofon	Xerxes	X
y		yxa	Yngve	Y
z		zebra	Zäta	Z
å		ål	Åke	Å
ä		ägg	Ärlig	Ä
ö		ö	Östen	Ö

Svenska vokaler

9 bokstäver

A   Å   O   U   E   Ä   I   Y   Ö

17 ljud

[a] [a] [å] [å] [o] [o] [u] [u] [e] [e] [ä] [i] [i] [y] [y] [ö] [ö]

Tryckaccent på vokal + 0 eller 1 konsonant → *lång vokal:*

sa var

a å o u e i ä y ö

Tryckaccent på vokal + flera konsonanter → *kort vokal:*

att harts

a å o u e i ä y ö

Ingen tryckaccent → *kort vokal:*

Mamma sa att alla var glada

a å o u e i ä y ö

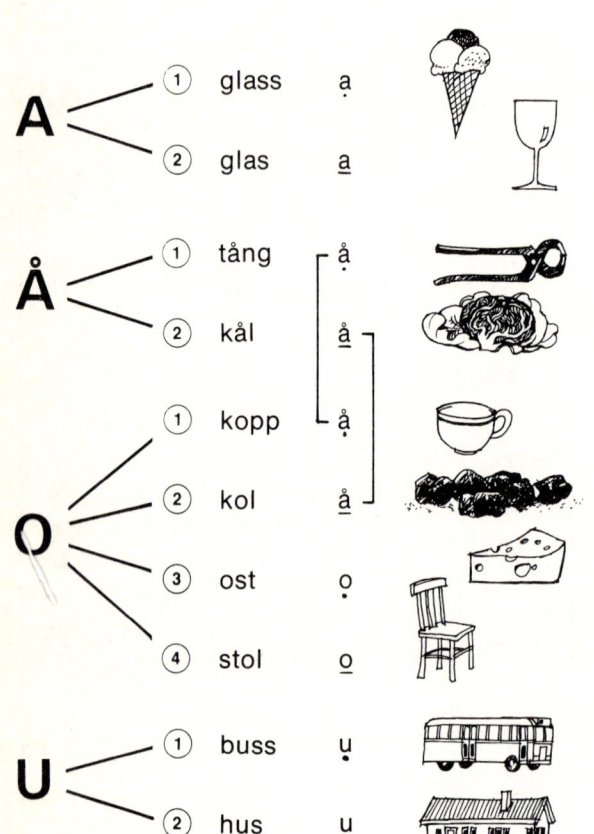

A — ① glass a
   — ② glas   a

Å — ① tång   å
   — ② kål   å

O — ① kopp   å
   — ② kol   å
   — ③ ost   o
   — ④ stol   o

U — ① buss   u
   — ② hus   u

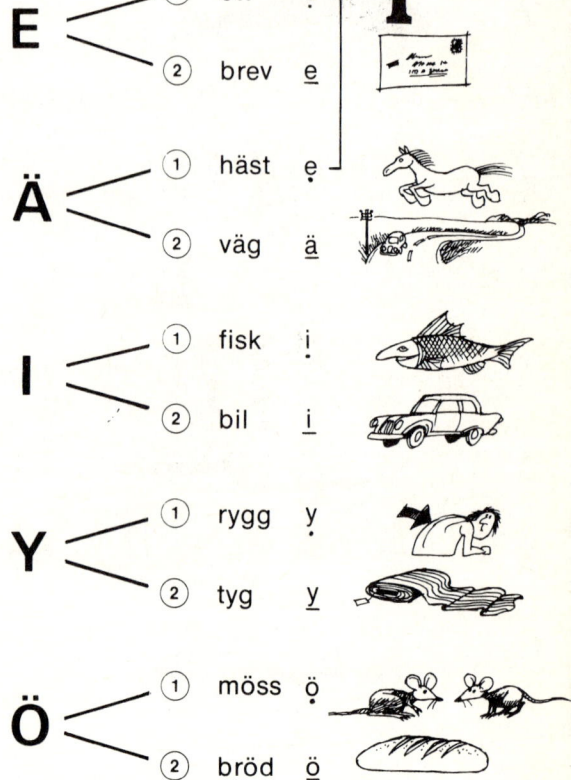

E — ① ett   e
   — ② brev e

Ä — ① häst   e
   — ② väg   ä

I — ① fisk   i
   — ② bil   i

Y — ① rygg   y
   — ② tyg   y

Ö — ① möss   ö
   — ② bröd   ö

Svenska konsonanter

20 bokstäver

g	b	k	q	f	d	h	j	m	p			r		l		n	c	s	z	t		v	w	X

23 ljud

[g] [b] [k] [f] [d] [h] [j] [m] [p] [tj]-ljud [sj]-ljud [r] [ṛd] [l] [ṛl] [n] [ṛn] [s] [ṛs] [t] [ṛt] [v] [ng]-ljud

g ata	k aka	sk att	j a		tj ugo	sj u	bord	Karl	barn	kors	bort	må ng a
g år	k ål	sk ål	dj ur		kj ol	ch ock						re g n
g od	k o	sk or	hj ul		ch eck	stj ärna						ba n k
g ul	k ul	sk ur	lj us			sch ampo						
			gj orde			skj orta						
			g er		k edja	sk ed						
			g ärna		k är	sk är						
			g ift		k ilo	sk ina						
			g ymnastik		k yla	sk ylt						
			g öra		k öra	sk ön						

G   K   SK   G   K   Sk

framför   framför
A Å O U   E Ä I Y Ö

Observera!   x = ks : sex [seks]
-rg = rj : torg [tårj]

Svensk accent

Satsaccent

Satsens viktiga ord har satsaccent

▼   ▼   ▼
Eva dricker kaffe efter middagen

      ▼   ▼   ▼
Eva Hellström dricker kaffe med grädde på eftermiddagen

Tryckaccent

Tryckaccent finns bara i ord med satsaccent
Tryckaccenten ligger på ordets första stavelse

▼   ▼   ▼   ▼   ▼   ▼   ▼
Eva Hellström kaffe grädde efter middagen eftermiddagen

Undantag:
                                       ▼   ▼   ▼   ▼
ord på be- för-, -era: betala försök servera intresserad

                                              ▼   ▼   ▼   ▼   ▼   ▼
många internationella ord: adress bensin balkong kafé normal legitimation

tre- och fyrstaviga ord på

                                                       ▼
                         -berg: Sundbyberg

                                          ▼
                         -borg: Göteborg

                                         ▼
                         -hamn: Köpenhamn

                                       ▼
                         -holm: Katrineholm

                                 ▼
                         -stad: Filipstad

                                 ▼
                         -sund: Öresund

                                ▼
                            -ås: Västerås

Tonaccent

Tonaccent (grav accent, musikalisk accent) finns bara i ord med tryckaccent

▾Èva dricker ▾kàffe efter ▾mìddagen

Eva ▾Hèllström dricker kaffe med ▾gràdde på ▾èftermiddagen

Tonaccent finns bara i flerstaviga ord med tryckaccent på första stavelsen

▾Èva ▾kàffe ▾gràdde *Sammansatta ord:* ▾èftermiddag ▾kàffegrädde

Undantag:
ord på -el, -en, -er, -re, -isk, -dag: ▾fågel ▾vatten ▾efter ▾större

▾praktisk ▾middag

många internationella ord: ▾album ▾kilo ▾porto ▾schampo

 **Avsnitt ett** **Första avsnittet**

en karta över Europa

En familj

Hej!

Jag heter Göran Nilsson. Jag har en fru. Hon heter Ulla Nilsson. Vi har två barn, en pojke och en flicka. Han heter Kalle, och hon heter Berit.

　Vi bor i en lägenhet i ett hus. Det ligger på Storgatan 12 (tolv) i Lund.

　Lund är en stad. Den ligger i Sverige. Sverige är ett land. Det ligger i Europa.

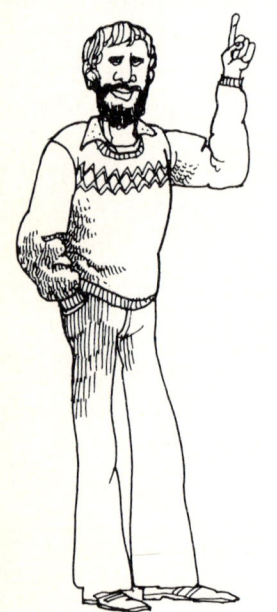

en gata i Lund

Vad är det?	Det är	en stad. ett hus. två barn.

1	en, ett	6	sex
2	två	7	sju
3	tre	8	åtta
4	fyra	9	nio
5	fem	10	tio

Grammatik
Personliga pronomen

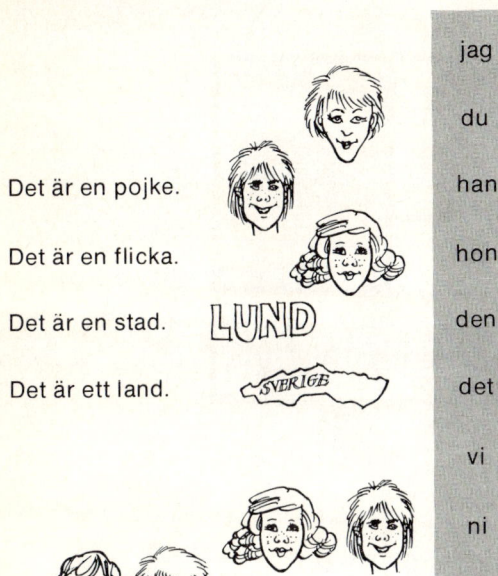

Det är en pojke.	jag	Jag heter Göran.
	du	Du heter Ulla.
Det är en flicka.	han	Han heter Kalle.
	hon	Hon heter Berit.
Det är en stad.	den	Den heter Lund.
Det är ett land.	det	Det heter Sverige.
	vi	Vi heter Nilsson.
	ni	Ni heter Berit och Kalle.
	de	De heter Göran och Ulla.

Satsbyggnad

| Han heter Kalle | Hon heter Berit | Han heter Kalle *och* hon heter Berit. |

Dialog

Vem är det?	Det är Göran.
Vem är det?	Det är Berit.
Vad är det?	Det är en familj.
Vad är det?	Det är en stad.
Vad är det?	Det är ett land.
Vad är det?	Det är ett hus och en gata.

? *ett frågetecken*

2 Avsnitt två   Andra avsnittet

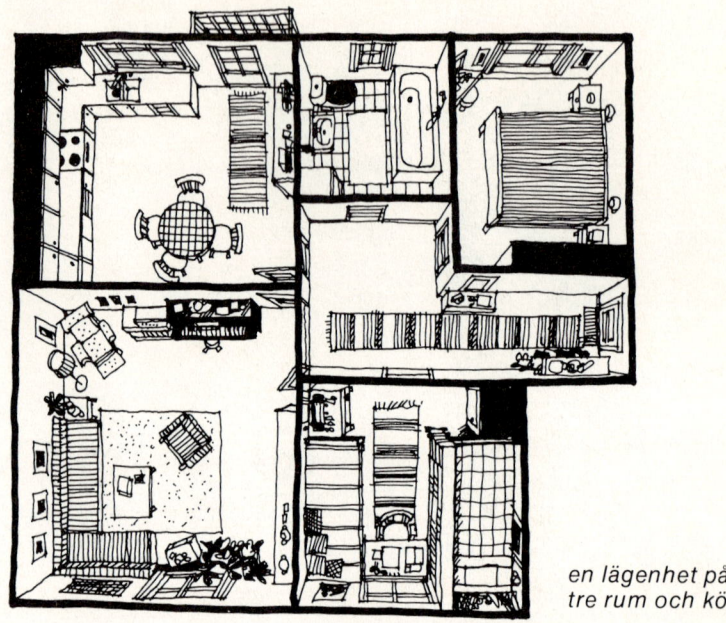

en lägenhet på tre rum och kök

Ett hus i Lund

Familjen Nilssons lägenhet är på tre rum och kök. De har ett vardagsrum och två sovrum. De har också ett kök, en hall, ett badrum och en balkong.

Familjen Svensson bor också på Storgatan 12. De har tre barn. Svenssons har en lägenhet på fyra rum och kök. De har ett vardagsrum och tre sovrum.

Grammatik
Räkneord – grundtal

1 en, ett	11 elva	21 tjugoen, tjugoett	31 trettioen, trettioett
2 två	12 tolv	22 tjugotvå	40 fyrtio [förti]
3 tre	13 tretton	23 tjugotre	41 fyrtioen, fyrtioett
4 fyra	14 fjorton	24 tjugofyra	50 femtio
5 fem	15 femton	25 tjugofem	60 sextio
6 sex	16 sexton	26 tjugosex	70 sjuttio
7 sju	17 sjutton	27 tjugosju	80 åttio
8 åtta	18 arton	28 tjugoåtta	90 nittio
9 nio	19 nitton	29 tjugonio	100 hundra
10 tio	20 tjugo	30 trettio	123 hundratjugotre

2	+	3	=	5	6	−	4	=	2
	plus		är			minus		
2	×	3	=	6	12	:	3	=	4
	gånger					delat med		

Genitiv

grundform genitiv
Lena Lenas
Lena har en bil. Det är Lenas bil.

Ordbildning

en lägenhet på tre rum = en trerumslägenhet = tre + rum + s + lägenhet
                                                 1   2   3

Ord och uttryck

familjen Nilsson = Nilssons
familjen Svensson = Svenssons

Nilssons bor på Storgatan.
Svenssons bor också på Storgatan.

Dialog

Var bor du? Jag bor på Nygatan 3.
Har du en lägenhet eller ett rum? Jag har ett rum.
Hur många rum har Svenssons? De har fyra rum.
Hur mycket är två plus tre? Det är fem.
Hur mycket är 3 × 4? Det är 12.

3 Avsnitt tre — Tredje avsnittet

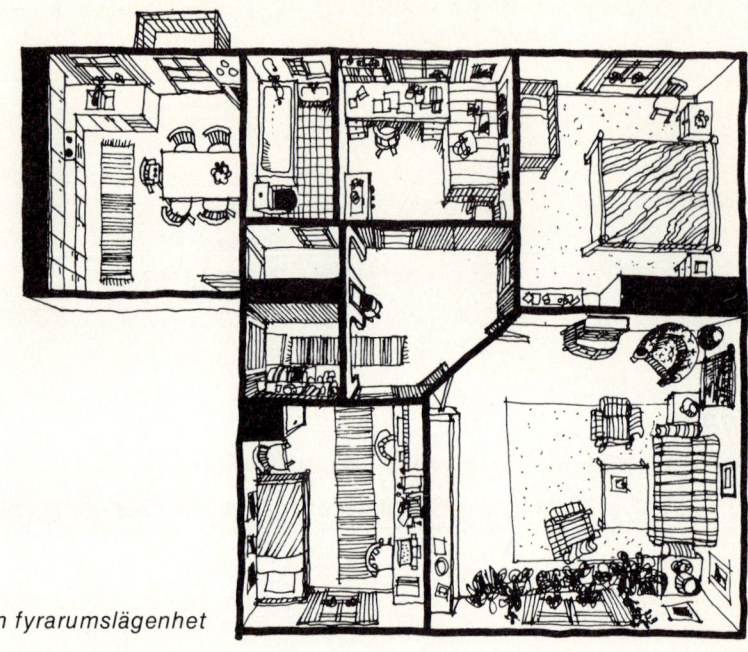

en fyrarumslägenhet

Familjen Svensson

Familjen Svensson består av fem personer. Det finns en far och en mor och tre barn i familjen. Birgitta och Erik har en son, som heter Olle och är sexton år, en dotter, som heter Anna och är tretton år, och en som heter Karin och är två år.

Familjen har också en hund, som heter Karo.

Svenssons bor på bottenvåningen i huset, och det är bekvämt för en barnfamilj.

Birgitta är hemmafru, men Erik arbetar i Malmö på en bilverkstad. Han är bilmekaniker.

Grammatik
Obestämd — bestämd form

obestämd form	bestämd form	obestämd form	bestämd form
en bil	bil**en**	ett hus	hus**et**
en pojke	pojk**en**	ett piano	piano**t**

Genus

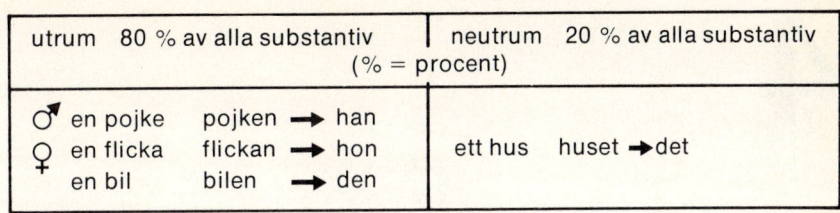

Satsbyggnad

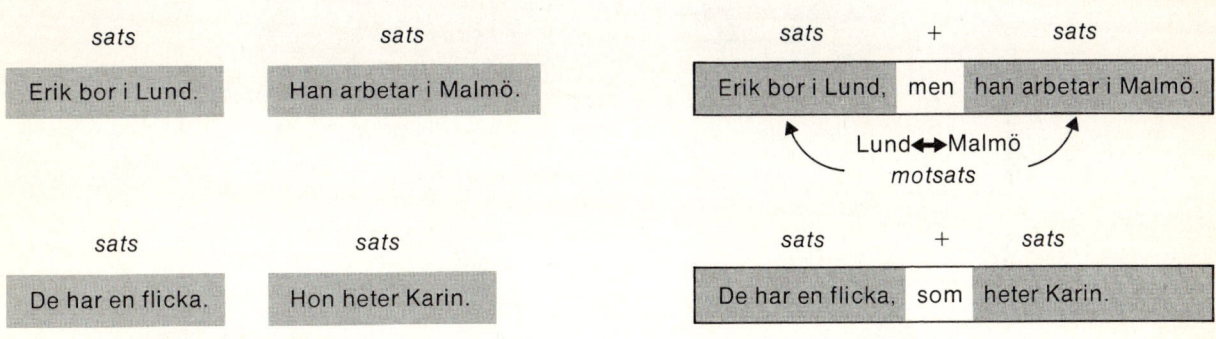

5 år Erik, 38 år Birgitta, 35 år

Olle, 16 år Anna, 13 år Karin, 2 år

Dialog

— Hur gammal är Erik? — Han är 38 år gammal.
— Hur gammal är Karin? — Hon är bara två år.
— Hur gammal är hunden? — Den är fem år.

4 Avsnitt fyra   Fjärde avsnittet

Göran bygger hus.

Ulla sitter i kassan.

Kalle cyklar hem.

Berit promenerar till skolan.

Nilssons

Göran Nilsson är murare. Han bygger hus. Göran har en bil. Varje dag kör han bil till arbetet.

Ulla Nilsson är inte hemmafru. Hon är kassörska och hon arbetar på ett varuhus. Hon sitter i kassan. Hon har inte någon cykel, utan hon åker buss till arbetet. Från busshållplatsen går hon till varuhuset.

Kalle Nilsson är fjorton år. Han arbetar inte. Han går i skolan i årskurs åtta. Kalle har en cykel. Han cyklar till skolan. Efter skolan cyklar han hem. Kalle har en katt, som heter Måns. Måns hatar Svenssons hund. Berit Nilsson är sjutton år, och hon går också i skolan. Berit cyklar inte, och hon åker inte buss, utan hon promenerar till skolan.

Ord och uttryck

Berit går hem.   Berit går hemifrån.

Grammatik
Ordföljd

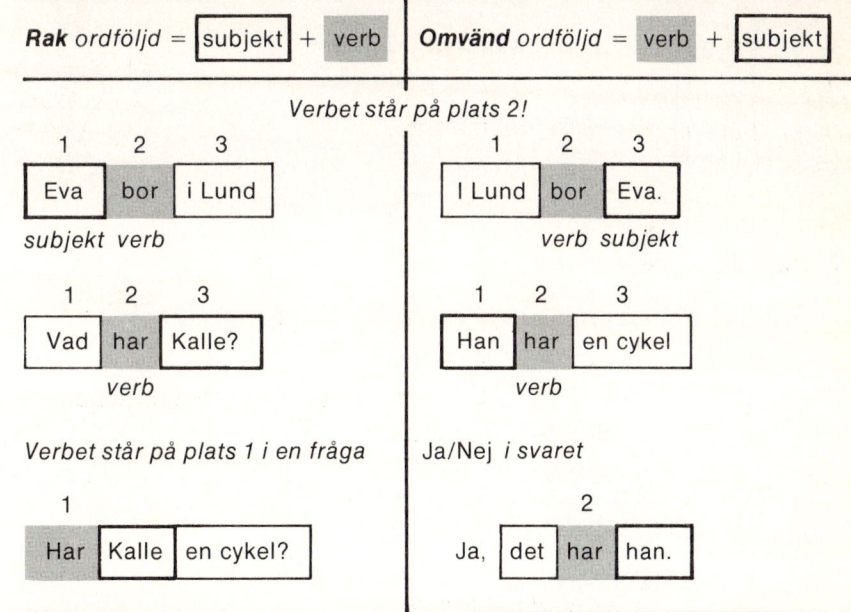

En – någon – inte någon

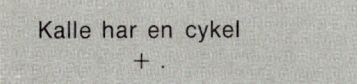

Kalle har en cykel	Har Kalle någon cykel?	Ulla har inte någon cykel
+ .	+ ?	– .

Satsbyggnad

Kalle cyklar till skolan.   Berit cyklar inte till skolan.
Berit cyklar **inte** till skolan, **utan** hon går.
Kalle har **inte** en hund **utan** en katt.

Dialog 1

— Har Kalle någon cykel?

— Ja, det har han.

— Har Berit någon cykel?

— Nej, det har hon inte.

— Har han något hus?

— Ja, det har han.

— Har hon något hus?

— Nej, det har hon inte.

Dialog 2

Erik	Hur kommer du till arbetet?
Göran	Jag kör bil.
Erik	Jaså, och hur kommer Ulla till arbetet?
Göran	Hon åker buss.

Dialog 3

— Vad heter du?   — Jag heter Kalle Nilsson.
— Var bor du?   — Jag bor på Storgatan 12 i Lund.
— Hur gammal är du?   — Jag är 14 år gammal.
— Har du någon katt?   — Ja, det har jag.
— Vad heter den?   — Den heter Måns.
— Har du någon hund?   — Nej, det har jag inte.
— Har du någon syster?   — Ja, det har jag.
— Vad heter hon?   — Hon heter Berit.
— Hur gammal är hon?   — Hon är 17 år.

 ← en slickepinne

5 Avsnitt fem   Femte avsnittet

Bo kommer för sent

Klockan är halv åtta på morgonen. Bo Lundin står och väntar på bussen till universitetet, men den kommer inte.

Bo går fram och tillbaka på busshållplatsen, men bussen kommer fortfarande inte. Bo tittar på klockan. Den är kvart i åtta, och lektionen i engelska börjar kvart över åtta. Bo börjar gå till universitetet, men han kommer inte dit förrän klockan halv nio. Han kommer för sent.

Klockan tio slutar lektionen, och då börjar Bo gå till busshållplatsen. Men då kommer bussen! Den kommer för tidigt! Bo börjar springa, men han hinner inte. Han kommer för sent igen. Bussen kör vidare, och Bo börjar gå hem. Han är inte hemma förrän kvart i elva. Han har verkligen otur idag!

Grammatik
Hjälpverb och huvudverb

Påståendesatser: hjälpverbet står på plats 2!

infinitiv	presens	
tala	talar	Bo talar engelska.
springa	springer	Bo springer.
gå	går	Bo går.

	2	
	hjälpverb	huvudverb
Bo	kan	tala engelska.
Bo	börjar	springa.
Bo	börjar	gå.
Bo	ska	sluta klockan tio.

	2	
	hjälpverb	
Då	börjar	Bo gå.
Bo	börjar	gå då.

I ja/nej-frågor står hjälpverbet på plats 1

1		
hjälpverb		
Kan	Bo tala svenska?	Ja, det kan han.

Ord och uttryck

Vad är klockan?

Klockan är halv åtta.

Klockan är kvart i åtta.

När börjar lektionen?

Lektionen börjar kvart över åtta.

07.45

Bo kommer för tidigt.
Bo hinner till lektionen.

08.15

Bo kommer i tid.
Bo hinner till lektionen.

08.30

Bo kommer för sent.
Bo hinner inte till lektionen.

Dialog 1

Ulla	Hur mycket är klockan?
Kalle	Halv åtta.
Ulla	När börjar skolan?
Kalle	Kvart över åtta.

Dialog 2

Bo	Ursäkta att jag kommer för sent!
Läraren	Hmmm ...
Bo	Bussen var försenad.
Läraren	Jaha.

Dialog 3

Erik	Ursäkta, kan ni säga hur mycket klockan är?
En dam	Halv två.
Erik	Tack.
Damen	För all del.

Dialog 4

En man	Kommer inte bussen snart?
En dam	Och jag som ska börja klockan åtta!
En man	Nej, nu går jag.

6 Avsnitt sex — Sjätte avsnittet

Birgitta handlar

Birgitta går till en livsmedelsaffär för att handla. Hon går in i affären och tar en varukorg. Sedan tar hon en liter mjölk, två öl, en limpa, ett paket smör, en bit ost och ett paket korv och lägger i korgen.
　　Birgitta går till kassan. Det blir 85:–. Birgitta betalar med en hundralapp. Hon får 15:– tillbaka av expediten.

Ord och uttryck

pris	
—:50	femtio öre
1:—	en krona
2:—	två kron**or**
5:50	fem (kronor) och femtio (öre)
46:50	fyrtiosex (kronor) och femtio (öre)

Hur mycket { blir / kostar } det?

Det { blir / kostar } 85:—

Limpan / Den } kostar 12:50

Göran köper en kvällstidning

Göran står i en kö vid kiosken.

Göran　　　Expressen, tack.
Expediten　Varsågod. Något annat?
Göran　　　Nej tack.
Expediten　6:–
Göran　　　Varsågod.
Expediten　Tack, tack.

Anna åker buss

Anna står vid en busshållplats.
Bussen kommer, och Anna stiger på den.

Anna	Linero.
Chauffören	5:–
Anna	Varsågod. Vill ni säga till, när vi är på Linero.
Chauffören	Javisst.

Berit köper en veckotidning

Expediten	Vad får det vara?
Berit	Kan jag få Veckorevyn och ett äpple, tack!
Expediten	Ja, varsågod. Något annat?
Berit	Nej tack, det är bra så.
Expediten	19:– för tidningen och 2:50 för äpplet. Det blir 21:50
Berit	Jag har bara en hundralapp. Kan ni växla den?
Expediten	Ja, det går bra. Tjugotvå, tjugotre, tjugofyra, tjugofem, trettio, fyrtio, femtio och hundra kronor. Varsågod.
Berit	Tack, tack.

ett mynt   *en sedel*

 en femtioöring    en tjugolapp

 en enkrona    en femtilapp

 en femkrona    en hundralapp

 en tiokrona    en femhundralapp

                                      en tusenlapp

Ord och uttryck

Att be om något   *Att ge och få*

Kan jag få . . .   Birgitta **ger** expediten en femtilapp.
Får jag . . .   Expediten **får** en femtilapp **av** Birgitta.
Skulle jag kunna få . . .
Jag skulle vilja ha . . .
Jag ska be att få . . .

för att . . . + infinitiv

Birgitta går till affären för att handla.

Avsnitt sju — Sjunde avsnittet

Erik arbetar på en bilverkstad.

Olof arbetar på ett bygge.

Erik och Olof Svensson

Erik Svensson är bilmekaniker på en verkstad i Malmö. Han börjar arbetet klockan halv åtta och slutar klockan halv fem. Han har kafferast från halv tio till kvart i tio. Mellan tolv och ett äter han lunch. Han arbetar sedan från klockan ett till halv tre. Då har han kafferast igen till kvart i tre. Sedan arbetar han till klockan halv fem. Då slutar Erik arbetet och kör hem. Klockan sex äter han middag hemma med familjen.

Erik har en bror, som heter Olof Svensson. Olof är också från Lund, men han bor i Uppsala. Han är murare och arbetar nu på ett bygge nära Uppsala.

Olof vaknar klockan halv sex. Kvart i sju kör han till arbetet. Han arbetar mellan sju och fyra. Då kör han hem till familjen. Olofs fru Gunilla, som är lärare, står i köket och lagar middag. Olof hjälper Gunilla att duka, och klockan sex äter familjen middag. Sedan går Olof in i vardagsrummet för att läsa och titta på TV. Han har tre barn, som dukar av matbordet och diskar efter maten. Det är bra med barn, som hjälper till.

Grammatik
Satsbyggnad

sats

som är lärare,

Olofs fru Gunilla,   står i köket och lagar middag.

sats

Klockan

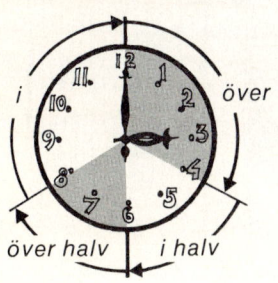

över
i
över halv   i halv

Hur mycket är klockan?   Klockan är tre.
Vad är klockan?   Den är tre.

När
Hur dags } badar Erik?   Han badar klockan nio.

När arbetar Erik?   { Han arbetar **från** sju **till** fyra.
                     { Han arbetar **mellan** sju **och** fyra.

17.00 fem
17.01 en (minut) över fem
17.02 två (minuter) över fem
03.05 fem (minuter) över tre
09.10 tio (minuter) över nio
10.15 (en) kvart över tio
       femton (minuter) över tio
11.18 arton (minuter) över elva
12.20 tjugo (minuter) över tolv
13.21 nio (minuter) i halv två
14.29 en (minut) i halv tre

15.30 halv fyra
16.31 en (minut) över halv fem
17.35 fem (minuter) över halv sex
18.40 tjugo (minuter) i sju
19.41 nitton minuter i åtta
20.45 (en) kvart i nio
       femton (minuter) i nio
21.50 tio (minuter) i tio
22.55 fem (minuter) i elva
23.59 en (minut) i tolv
24.00 tolv (på natten)

Ord och uttryck

Klockan är halv tre. Då har han kafferast.

(Klockan halv tre)

Hon **dukar** före middagen.   Hon **dukar av** efter middagen.
Han **går in** i rummet.   Han **går ut ur** rummet.

8 Avsnitt åtta — Åttonde avsnittet

En frånskild kvinna

Ingrid Ek är sjuksköterska och arbetar på ett sjukhus i Lund. Varannan vecka arbetar hon på förmiddagen, och varannan vecka på eftermiddagen.

Ingrid är skild. Hon har en pojke på sex år, som heter Mats. Han är på ett daghem, medan mamma arbetar. Varannan vecka är Mats på "dagis" från halv åtta på morgonen till halv två på eftermiddagen, och varannan vecka är han där mellan halv elva på förmiddagen och halv sex på eftermiddagen.

Mats blir väldigt glad, när mamma kommer till daghemmet efter arbetet. De kramar om varandra, och sedan cyklar Ingrid hem med Mats bak på cykeln. På hemvägen stannar de vid en affär och handlar mat.

Efter middagen tittar de ofta på TV tillsammans eller läser en saga, t. ex. Pippi Långstrump. Ingrid går ibland ut på kvällen, men då kommer Berit Nilsson och sitter barnvakt. Berit bor ju i samma hus, så hon och Mats känner varandra väl.

På natten drömmer Mats om sagan.

Grammatik
Satsbyggnad

Mats är på ett daghem,	när	mamma arbetar.
sats	konjunktion	sats

Ord och uttryck
Varandra

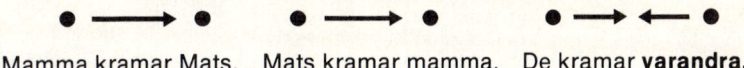

Mamma kramar Mats.   Mats kramar mamma.   De kramar **varandra**.

varannan – vartannat

Eva arbetar **varannan** dag.

måndag		onsdag		fredag		söndag

Eva reser till Paris **vartannat** år.

1980		1982		1984		1986

Dygnets tider

00–24   Det är ett dygn.   Dygnet har 24 timmar.

 05–08   Det är morgon.   Ingrid äter frukost på morgonen.

 08–12   Det är förmiddag.   Bo studerar på förmiddagen.

 12–18   Det är eftermiddag.   Birgitta handlar på eftermiddagen.

 18–23   Det är kväll.   Familjen tittar på TV på kvällen.

 23–05   Det är natt.   Mats sover på natten.

 05–23   Det är dag.   Bo sover inte på dagen.

9 Avsnitt nio — Nionde avsnittet

Bo Lundin – en student

Bo Lundin är tjugotre år gammal och bor också i huset på Storgatan 12. Han är student och läser engelska vid universitetet i Lund. Bo har en tvårumslägenhet med vardagsrum, sovrum, kök, hall och badrum, men han har inte någon balkong. Från fönstret i vardagsrummet har han utsikt över staden.

    Han lagar mat på spisen och äter vid matbordet i köket. I sovrummet har han en säng, där han sover, och ett skrivbord, som han sitter och studerar vid. Han badar i badkaret i badrummet. I vardagsrummet har han en soffa och en fåtölj, som han sitter i, när han läser tidningen eller lyssnar på musik. Han tycker om både klassisk och modern musik.

Grammatik
Presens

Verbet har fyra konjugationer

	infinitiv		+	=	presens
att (infinitiv- märke)	1	studera laga bada lyssna	-r	han	studerar lagar badar lyssnar
	2	läs/a tyck/a om	-er	han	läser tycker om
	3	bo	-r	han	bor
	4	ät/a sov/a ha gör/a	-er -r	han	äter sover har gör

Relativsatser

Bo har en säng.   Han sover i sängen.
Bo har en säng, **som** han sover i.

Bo har en säng, **där** han sover.

Frågor och svar

Bo **har** en lägenhet.
Bo **är** student.

Bo **studerar**.
Bo **sover** i sovrummet.
Bo **badar** ofta.

| **Har** | Bo någon lägenhet? |
| **Är** | Bo student? |

Studerar	Bo?
Sover	Bo i sovrummet?
Badar	Bo ofta?

ja / nej — det — har / är / gör — han — inte.

 OBSERVERA!   ett fönster → fönstret

Ord och uttryck

Bo tycker om klassisk musik. Bo tycker om modern musik.
Bo tycker om **både** klassisk **och** modern musik.

Ordbildning

att sova + ett rum = ett sovrum
att bada + ett rum = ett badrum
att bada + ett kar = ett badkar
att skriva + ett bord = ett skrivbord

sov ↷ a

10 Avsnitt tio — Tionde avsnittet

En lektion i geografi

Jasna går i skolan och har en lektion i geografi.
Läraren frågar, och Jasna svarar.

Läraren Vad är det här?
Jasna Det är en karta över Europa.
Läraren Vad är det där?
Jasna Det är ett land, som heter Kroatien.
Läraren Vad heter Kroatiens huvudstad?
Jasna Den heter Zagreb.
Läraren Var ligger Madrid?
Jasna Madrid ligger i Spanien.
Läraren Vilken stad bor du i?
Jasna Jag bor i Lund.
Läraren I vilket land ligger London?

Jasna	London ligger i England.
Läraren	Vad är Island?
Jasna	Det är en ö i Atlanten.
Läraren	Vad är Vänern?
Jasna	Det är en sjö i Sverige.
Läraren	Varifrån kommer Paolo?
Jasna	Han kommer från Italien.
Läraren	Vad heter Italiens huvudstad?
Jasna	Den heter Rom på svenska och "Roma" på italienska.
Läraren	Det är bra, Jasna. Du är duktig i geografi.

Grammatik
Demonstrativa pronomen

Vad är det här?   Det här är en bil.   det här

Vad är det där?   Det där är ett hus.   ↓   det där ⟶

Frågeord

Vilken buss tar Ulla? Hon tar trean. Vilken stad kommer Paolo från?
Han kommer från Rom.
Vilket rum är det? Det är köket. Vilket varuhus handlar du på?
Jag handlar på Domus.

   OBSERVERA!   "citationstecken"

Dialog

Kalle	Hej! Vad heter du?
Jasna	Jasna. Och du då?
Kalle	Jag heter Kalle. Var är du ifrån?
Jasna	Jag är från Kroatien. Och du själv då?
Kalle	Jag bor ju här i Sverige.

11 Avsnitt elva — Elfte avsnittet

Två flickor i en våning

Kristina Sandberg och Monika Holm bor tillsammans i en fyrarumslägenhet tre trappor upp på Storgatan 12. Kristina är kontorist, och Monika är sekreterare på samma företag. De har samma arbetstider. De börjar arbeta klockan åtta och slutar klockan fem.

I vardagsrummet har de två soffor, tre bord, två fåtöljer och två stolar. I fönstret står många blomkrukor.

I köket hänger gardiner i fönstret, och där står också ett köksbord med två köksstolar. Över diskbänken finns många skåp, och där har de fat, koppar och glas. Under diskbänken finns det många lådor med skedar, gafflar och knivar.

I sovrummet står två sängar. Där finns också två sängbord och två byråar. På Monikas säng ligger tre kuddar, och på Kristinas två veckotidningar.

Grammatik
Substantivens deklinationer

deklination	singular	plural-ändelse	plural
1	en lampa	-or	lampor
2	en stol	-ar	stolar
	en kudde		kuddar
3	en gardin	-er	gardiner
4	ett piano	-n	pianon
5	ett bord	—	bord
	en sekreterare		sekreterare

```
I LEXIKON
en lamp/a          -or
en stol            -ar
en kudd/e          -ar
en gardin          -er
ett piano          -n
ett bord           —
en sekreterare     —
```

Ord och uttryck

Monika arbetar från åtta till fem. Kristina arbetar **också** från åtta till fem.
Monika och Kristina har **samma** arbetstider.

tre trappor = 3 tr.

två trappor = 2 tr.

en trappa = 1 tr.

nedre botten = n.b.

en sked -ar

en kniv -ar

en gaff/el -lar

en tallrik -ar

ett fat —

en kopp -ar

Grammatik
Vad heter ordet i plural?

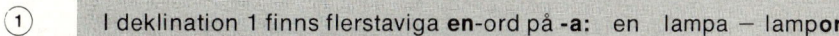

① I deklination 1 finns flerstaviga **en**-ord på **-a**: en lampa — lampor

en flicka	en tia	en skola	en kvinna
en skiva	en karta	en kamera	en flygvärdinna
en kassa	en tavla	en matta	en sjuksköterska
en gata	en lampa	en städerska	**OBSERVERA!** en ros

37

(2) | I deklination 2 finns enstaviga **en**-ord på konsonant: en bil – bil**ar**

en duk   en pall   en dag   en middag   en förmiddag   en eftermiddag
en stol   en hund
en kväll en säng

OBSERVERA! en bro – broar   en fru – fruar

| I deklination 2 finns flerstaviga ord på **-e**: en pojke – pojk**ar**

| I deklination 2 finns också ord på **-el**: en cykel – cykl**ar**
-er: en syster – systr**ar**
-ing: en tidning – tidning**ar**

OBSERVERA! en byrå – byråar
en morgon – morgnar

(3) | I deklination 3 finns flerstaviga slutbetonade ord: en fabrik – fabrik**er**

en familj   en montör   en ingenjör   en pilot   en maskin
en fåtölj   en kiosk   en antenn   en kontorist ett draperi
en gardin   en student   en present   en militär

OBSERVERA! en katt – katter   en plats – platser   en ko – kor
en bank – banker   en lägenhet – lägenheter en sko – skor
en vas – vaser   ett pris – priser   en radio – radior

(4) | I deklination 4 finns **ett**-ord på vokal: ett piano – piano**n**

ett foto   ett bygge   ett arbete   ett knä   ett ställe   ett frimärke

(5) | I deklination 5 finns **ett**-ord på konsonant: ett hus – hus

ett skåp   ett träd   ett bord
ett tak   ett kök   ett överkast
ett rum   ett fönster ett kontor
ett golv   ett barn   ett flygbolag

ett hus – ett sjukhus – ett varuhus
ett namn – ett förnamn – ett efternamn

| I deklination 5 finns **en**-ord på **-are**: en lärare – lärare

en skivspelare   en högtalare   en sekreterare
en kassettbandspelare   en murare

12 Avsnitt tolv — Tolfte avsnittet

Min familj

Hej! Jag heter Olle Svensson. Mitt förnamn är Olle, och mitt efternamn är Svensson. Min adress är Storgatan 12, Lund, och mitt telefonnummer är 12 34 56. Mina föräldrar heter Erik och Birgitta. Mina systrar heter Anna och Karin. Deras efternamn är förstås också Svensson.

Vi har en hund, som heter Karo. Vi bor i en fyrarumslägenhet, och vi har en sommarstuga i Småland. Min pappa är bilmekaniker, och han och jag brukar syssla med vår bil och min moped. Bilar är både hans yrke och hans hobby. Det är bra att ha en pappa, som kan allt om bilar och mopeder.

Men min mamma kan ingenting om bilar. Hennes hobby är att dansa folkdans. Hon brukar ibland köpa en damtidning med artiklar om kläder, och Anna lånar ibland hennes tidning.

Mina systrars intressen är dans och musik, och Anna dansar balett två kvällar i veckan. Karin lyssnar ofta på skivor i vår stereoanläggning.

Dialog

— Vems cykel är det?
— Vems hund är det?
— Vems bil är det?
— Vems hobby är det att dansa folkdans?
— Vems är katten?
— Vems är mopeden?

— Det är min.
— Det är vår hund.
— Det är vår bil.
— Det är mammas hobby.
— Det är Kalles.
— Det är också hans.

Grammatik
Possessiva pronomen

	jag du	min din	mitt ditt	mina dina	
(pojken) (flickan) (hunden) (barnet)	han hon den det	hans hennes dess dess	hans hennes dess dess	hans hennes dess dess	(pojken**s**) (flickan**s**) (hunden**s**) (barnet**s**)
	vi ni de	vår er deras	vårt ert deras	våra era deras	

Jag har **en** matta, **ett** skåp och **två** bord.   Det är **min** matta, **mitt** skåp och **mina** bord.
Du har **en** lampa, **ett** bord och **två** skåp.   Det är **din** lampa, **ditt** bord och **dina** skåp.
Han har **en** stol, **ett** piano och **två** mattor.   Det är **hans** stol, **hans** piano och **hans** mattor.
Hon har **en** tv, **ett** kök och **två** stolar.   Det är **hennes** tv, **hennes** kök och **hennes** stolar.
Den har **en** korg, **ett** namn och **två** kuddar.   Det är **dess** korg, **dess** namn och **dess** kuddar.
Det har **en** boll, **ett** rum och **två** skor.   Det är **dess** boll, **dess** rum och **dess** skor.

Vi har **en** bil, **ett** hus och **två** rum.   Det är **vår** bil, **vårt** hus och **våra** rum.
Ni har **en** klocka, **ett** glas och **två** fat.   Det är **er** klocka, **ert** glas och **era** fat.
De har **en** hund, **ett** barn och **två** bilar.   Det är **deras** hund, **deras** barn och **deras** bilar.

Dialog

Herr och fru Falk träffar herr Olsson.
Torsten Falk   Goddag, herr Olsson.
Herr Olsson   Goddag, goddag.
Torsten Falk   Får jag presentera herr Olsson! Det här är min hustru Greta.
Herr Olsson   Goddag.

13 Avsnitt tretton — Trettonde avsnittet

Ett vykort från Mallorca

Eva och Åke Hellström, som bor på tredje våningen i huset på Storgatan, får en dag ett vykort från Mallorca. På framsidan finns en bild av en gul sandstrand, ett blått hav, stora vita hus och gröna träd. Vykortet är från Evas föräldrar. De skriver så här:

Palma den 14 maj

Kära Eva och Åke!
Efter en trevlig resa är vi nu i Palma på ön Mallorca. Palma är en vacker gammal stad. Vi har ett litet men rent och fint rum med en underbar utsikt över Medelhavet. Vädret är vackert och maten är god. Vi har det verkligen skönt.
En stor kram från mamma och pappa.

Åke och Eva Hellström
Storgatan 12, 2tr.
S-22238 LUND
SUECIA

Ord och uttryck

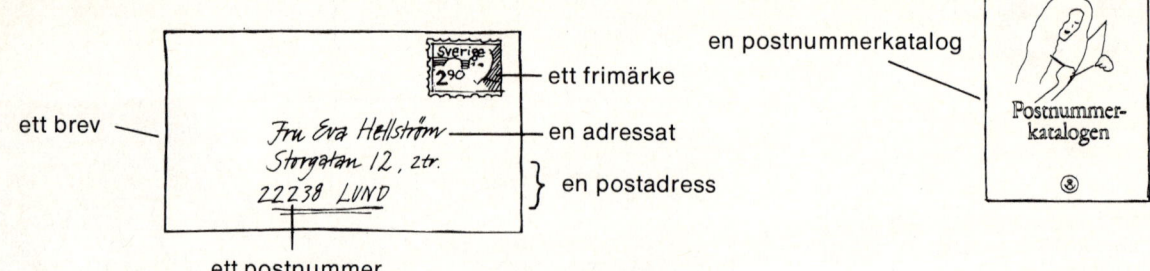

- ett brev
- ett frimärke
- en adressat
- en postadress
- ett postnummer
- en postnummerkatalog

PORTOTABELL

Inrikes brev

en porto-
tabell
(förenklad)

Brev			Ekonomibrev		
Vikt högst gram	Pris	Skrymmande¹ pris	Vikt högst gram	Pris	Skrymmande¹ pris
20	2:90	11:40	20	2:40	10:90
100	5:80	14:30	100	4:80	13:30
250	11:-	19:50	250	9:50	18:-
500	18:-	26:50	500	15:-	23:50
1000	24:-	32:50	1000	20:-	28:50

Ekonomibrev ska märkas med **B** till vänster om frankeringen

Utrikes brev

Norden och Baltikum Danmark Finland Island Norge Estland Lettland Litauen			Europa utom Norden och Baltikum			Övriga länder		
Vikt högst gram	Brev (Prioritaire)	Ekonomibrev	Vikt högst gram	Brev (Prioritaire)	Ekonomibrev	Vikt högst gram	Brev (Prioritaire)	Ekonomibrev
20	3:50	3:-	20	5:-	4:-	20	6:-	5:-
50	7:-	5:50	50	8:-	6:-	50	10:-	7:-
100	9:-	7:-	100	12:-	10:-	100	17:-	12:-
250	12:50	10:-	250	20:-	15:-	250	30:-	20:-
500	20:-	16:-	500	40:-	25:-	500	50:-	35:-
1000	50:-	30:-	1000	75:-	45:-	1000	95:-	55:-
2000	70:-	50:-	2000	110:-	70:-	2000	150:-	90:-

Måttgränser: När flera villkor anges måste alla uppfyllas.
L = längd B = bredd T = tjocklek
D = diameter DD = dubbla diametern
Minimimått 90x140 mm (plan yta) Rulle L 100 mm L + DD 170 mm
Maximimått L 600 mm B + L + T 900 mm Rulle L 900 mm L + DD 1040 mm

Grammatik
Ordningstal

1 första	11 elfte	21 tjugoförsta	31 trettioförsta
2 andra	12 tolfte	22 tjugoandra	40 fyrtionde
3 tredje	13 trettonde	23 tjugotredje	50 femtionde
4 fjärde	14 fjortonde	24 tjugofjärde	60 sextionde
5 femte	15 femtonde	25 tjugofemte	70 sjuttionde
6 sjätte	16 sextonde	26 tjugosjätte	80 åttionde
7 sjunde	17 sjuttonde	27 tjugosjunde	90 nittionde
8 åttonde	18 artonde	28 tjugoåttonde	100 hundrade
9 nionde	19 nittonde	29 tjugonionde	123 hundratjugotredje
10 tionde	20 tjugonde	30 trettionde	1000 tusende

Veckodagar och månader

Veckodagar
söndag
måndag
tisdag
onsdag
torsdag
fredag
lördag

månader
januari juli
februari augusti
mars september
april oktober
maj november
juni december

En almanacka för 1993

Ord och uttryck

> Det är lördag i övermorgon.
> Det är fredag i morgon.
> Det är torsdag idag.
> Det var onsdag igår.
> Det var tisdag i förrgår.

Dialog 1

Tjänstemannen När är ni född?
Åke Den 17 november 1948.

Dialog 2

Eva När ska du gå till tandläkaren?
Åke Torsdagen den 19 november.

Dialog 3

Fru Nilsson Det är vackert väder idag!
Fru Falk Ja, inte sant?

Dialog 4

Åke Vad är det för dag idag?
Eva Det är torsdag.

Grammatik
Adjektiv

Regelbundna adjektiv

en	ett	många
stor	stort	stora
fin	fint	fina
gul	gult	gula
trevlig	trevligt	trevliga

Oregelbundna adjektiv

en	ett	många
vacker	vackert	vackra
gammal	gammalt	gamla
liten	litet	små
blå	blått	blåa
född	fött	födda

Åke har en **stor** bil.   Eva bor i ett st**or**t hus.   Ingrid har stor**a** mattor.
Åkes bil är **stor.**   Huset är stor**t**.   Hennes mattor är stor**a**.

43

14 Avsnitt fjorton — Fjortonde avsnittet

Ingrids rum

Ingrid har ett stort och ljust rum med två fönster. Till höger står en blå soffa med några mjuka kuddar. Framför soffan har hon ett brett, lågt soffbord. Några röda rosor står i en smal vas på bordet. På golvet ligger två gula mattor.

Till vänster i rummet har Ingrid två höga, gamla skåp. Hennes säng står i hörnet av rummet. Den är bred och mjuk och har ett vitt överkast med små blåa blommor på. Över sängen hänger två fina, gamla tavlor.

Ingrid tycker om musik och har en modern stereoanläggning med många skivor. Just nu är Ingrid sjuk — hon har influensa — så hon ligger i sängen och läser en bok. Men hon börjar arbetet på sjukhuset igen, så fort hon blir frisk.

Grammatik
Adjektiv

Regelbundna

stor   stort   stora

Oregelbundna

adjektiv på **-el**:	enkel	enkelt	enkla	dubbel
adjektiv på **-en**:	mogen	moget	mogna	nyfiken vuxen välkommen
adjektiv på **-er**:	vacker	vackert	vackra	mager
adjektiv på **-ad**:	målad	målat	målade	lagad
adjektiv på **-a, -e**:	bra =	bra =	bra	extra spännande; gratis inrikes utrikes
adjektiv på konsonant + **-t**:	kort =	kort	korta	gift lätt tyst intressant svart trött
adjektiv på konsonant + **-d**:	hård	hårt	hårda	blond förkyld känd nöjd rund skild såld värd
andra oregelbundna adjektiv:	blå	blått	blåa	fri grå ny
	röd	rött	röda	bred död glad sned god
	gammal	gammalt	gamla	
	liten	litet	små	

Adjektiv och substantiv

en	stor	bil	ett	stort	hus	många	stora	bilar
en	blå	vas	ett	blått	bord	många	blåa	vaser
en	ny	bok	ett	nytt	överkast	många	nya	böcker
en	gammal	bil	ett	gammalt	skåp	många	gamla	bilar

Substantiv och adjektiv   Bilen är stor.   Huset är stort.   Ingrids mattor är stora.

Adjektiv: motsatser

Vattnet är kallt.   — Det är inte varmt.
Bilen är ny.   — Den är inte gammal.
Kvinnan är ung.   — Hon är inte gammal.
Gatan är bred.   — Den är inte smal.
Mannen är tung.   — Han är inte lätt.
Bilen är bra.   — Den är inte dålig.
Flickan är frisk.   — Hon är inte sjuk.
Bordet är högt.   — Det är inte lågt.
Pojken är pigg.   — Han är inte trött.
Lampan är billig.   — Den är inte dyr.

Ord och uttryck

Ingrid är sjuk.   Hon är hemma.   Ingrid är sjuk, **så** hon är hemma.
Mats har inga pengar.   Han kan inte köpa en cykel.
Mats har inga pengar, **så** han kan inte köpa någon cykel.

15 Avsnitt femton — Femtonde avsnittet

En vardagskväll

Efter middagen sitter familjen Svensson i vardagsrummet. Till vänster i rummet står ett piano. Birgitta sitter ofta vid det och spelar gamla melodier. Ibland sjunger Anna och Karin, men det gör de inte i kväll. Karin ligger på mattan mitt i rummet och leker med Karo.

Mitt emot pianot står en soffgrupp med en soffa och två fåtöljer. I den ena fåtöljen sitter Erik och läser tidningen. I den andra sitter Birgitta, när hon tittar på TV. Bakom ryggen på Erik står Anna och läser serier i hans tidning. Hon väntar på att TV-programmet ska börja.

Olle är ute och spelar fotboll, men snart kommer han hem. Sedan sitter han framför TV:n hela kvällen eller vid skrivbordet, som står i hörnet till höger om bokhyllan.

Familjen Svensson tittar mycket på TV, spelar olika spel och löser korsord. De pratar inte så mycket med varandra på kvällen. Det gör de i stället när de sitter runt middagsbordet i köket.

Grammatik
Prepositioner

Lampan hänger **över** bordet. Katten ligger **under** bordet.
Vasen står **på** bordet. Rosen står **i** vasen.
Anna står **bakom** bordet. Olle står **framför** bordet.
Bordet står **mellan** Anna och Olle.
Stolen står **vid** bordet. Stolen står **till** höger **om** bordet.
Katten ligger **på** golvet och leker **med** en boll.

Positioner

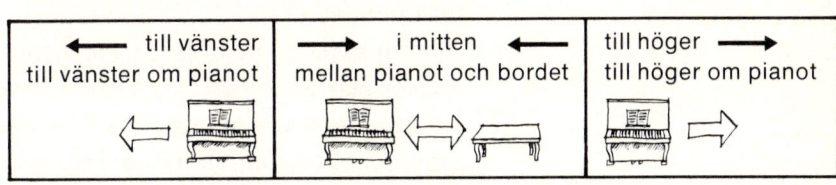

Ord och uttryck

den ena – den andra: Erik har två kartor. **Den ena** är stor och **den andra** är liten.

Dialog

— Vad är det på TV i kväll?
— En amerikansk långfilm.
— När börjar den?
— Klockan åtta.

Avsnitt sexton **Sextonde avsnittet**

På biblioteket

Kristina Sandberg går på en kvällskurs i italienska sedan två månader tillbaka. Eleverna har i läxa att berätta lite om Italien.

Kristinas läxa är att tala om Italiens geografi, om de stora städerna, de små byarna, de höga bergen och de långa floderna. Efter arbetet tar Kristina bussen till biblioteket för att titta i olika böcker där. Strax utanför biblioteket ligger en kiosk. Kristina går dit och köper två röda äpplen och två mogna bananer. Expediten lägger äpplena och bananerna i en påse, som Kristina stoppar i väskan. Sedan går hon in på biblioteket, lämnar ytterkläderna i garderoben och går fram till informationen. Där får hon veta att uppslagsböckerna finns i läsesalen. Kristina går dit och hittar snart några böcker om Italien. Hon tar de stora, tunga böckerna och går till ett ledigt bord.

Läsesalen är ett stort, avlångt rum med långa, gröna bord och höga bokhyllor längs väggarna. Det sitter många människor vid borden och läser böcker, tidningar och tidskrifter. Kristina tar upp påsen med frukten. Hon tar också upp ett anteckningsblock och några pennor.

Kristina läser och antecknar olika uppgifter om Italien. Sedan ställer hon tillbaka böckerna på hyllorna och går hem.

Dialog

Ingrid Ek	Jag skulle vilja ha ett lånekort.
Bibliotekarien	Jaha. Förnamn och efternamn?
Ingrid Ek	Ingrid Ek.
Bibliotekarien	Adress?
Ingrid Ek	Storgatan 12, postnummer 222 38, Lund.
Bibliotekarien	Telefon?
Ingrid Ek	65 43 21.
Bibliotekarien	Personnummer?
Ingrid Ek	63 07 26-2147
Bibliotekarien	Vill Ni skriva Ert namn här?

ett lånekort

	LÅNEKORT Nr 9009614
STADS BIBLIO TEKET LUND	

900 96 14 1207 D0

Lånekortet ska medföras vid varje lånetillfälle
LUNDS STADSBIBLIOTEK Box 111
221 00 Lund. Tel 046-14 01 90

Efternamn, tilltalsnamn
Ek Ingrid
c/o
Adress (gata, nr, uppg, tr)
Storgatan 12
Postnr, ort
223 38 LUND
Telefonnr (riktnr, abonnentnr)
046/65 43 21
Personnr (år, mån, dag, födelsenr)
630726-2147
Jag har tagit del av bibliotekets lånebestämmelser och förbinder mig att iakttaga dem.
Ingrid Ek (Namnteckning)

Grammatik
Substantivens deklinationer

Deklination	Singular		Plural	
	obestämd form	bestämd form	obestämd form	bestämd form
1	en lampa	lampan	lampor	lamporna
2	en stol	stolen	stolar	stolarna
	en kudde	kudden	kuddar	kuddarna
3	en gardin	gardinen	gardiner	gardinerna
4	ett piano	pianot	pianon	pianona
5	ett bord	bordet	bord	borden
-are:	en lärare	läraren	lärare	lärarna

Adjektiv före substantiv

	Singular			Plural		
obestämd form	en	dyr	bil	många	dyra	bilar
	ett	dyrt	hus			hus
bestämd form	den	dyra	bilen	de	dyra	bilarna
	det		huset			husen

Befintlighet och riktning

●   → ●

här	hit
där	dit
hemma	hem
borta	bort

Eva kommer **hit**. Nu är hon **här**.
Eva går **dit**. Nu är hon **där**.
Eva går **hem**. Nu är hon **hemma**.
Eva reser **bort**. Hon är inte hemma. Hon är **borta**.

17 Avsnitt sjutton   Sjuttonde avsnittet

Vad gör de?

Bo Lundin är student. Han har inget arbete utan studerar engelska vid Lunds universitet. Bo tjänar inte pengar utan har studiemedel.

Erik Svensson studerar inte. Han arbetar som bilmekaniker på en verkstad i Malmö.

Birgitta Svensson är hemmafru och sköter hemmet.

Olle och Anna Svensson går i skolan. Han går i årskurs nio, och hon går i årskurs sex. Olle läser svenska, matematik, fysik, kemi, historia, geografi och tyska.

Anna läser också svenska, matematik, historia och geografi, men hon läser inte fysik och kemi. Hon läser inte tyska utan engelska.

Kristina Sandberg är kontorist. Hon arbetar på ett stort kontor och svarar i telefon och skriver maskin.

Eva Hellström arbetar som lärare i en skola. Hon undervisar i religionskunskap och samhällskunskap. Evas man Åke är ingenjör och arbetar på en fabrik, som tillverkar maskiner.

Torsten Falk, som bor i lägenheten över familjen Nilsson, arbetar inte längre, för han är pensionär.

Grammatik
Verbens konjugationer: presens

Presensträdet

konjugation	infinitiv	presens
1	arbeta	arbetar
2	läs/a	läser
3	bo	bor
4	skriv/a gör/a gå	skriver gör går

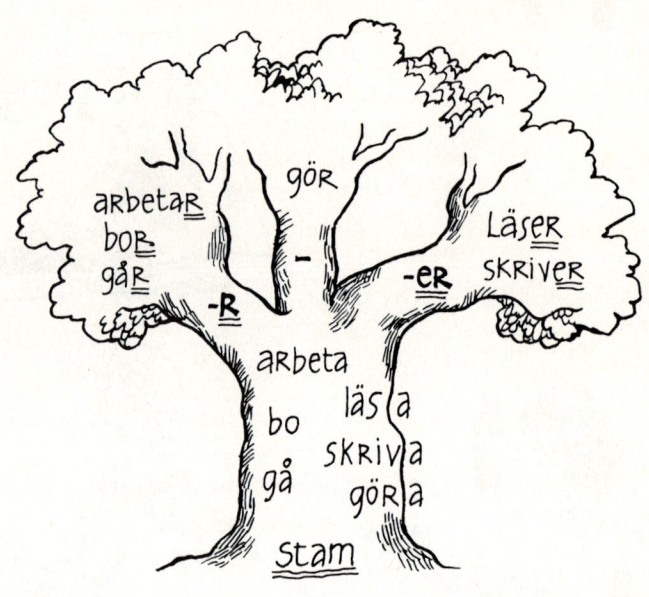

Varför? – för

Torsten Falk arbetar inte, **för** han är pensionär.

 OBSERVERA!   ett hem – he**mm**et   ett rum – ru**mm**et

Dialog

Anna	Vad sysslar du med?
Carmen	Jag studerar svenska.
Anna	Och vad gör din man?
Carmen	Han är metallarbetare.

18 Avsnitt arton — Artonde avsnittet

Ett samtal

Fru Elin Bengtsson hämtar ett paket på posten. Där träffar hon en bekant, som heter Inga Olsson.

Fru Bengtsson Goddag, goddag, fru Olsson.
Fru Olsson Goddag, fru Bengtsson. Hur står det till?
Fru Bengtsson Tack, bara bra. Och fru Olsson?
Fru Olsson Tack, det är bara bra. Hur har Eva det?
Fru Bengtsson Tack, fint. Hon bor i Lund nu.
Fru Olsson Javisst, hon är ju nygift.
Fru Bengtsson Ja, det är hon.
Fru Olsson Vad är det hon heter som gift? Är det inte Hellström?
Fru Bengtsson Jo, det är det. ▶

Fru Olsson	Arbetar hon i Lund också?
Fru Bengtsson	Ja, det gör hon. Hon är lärare på en skola där.
Fru Olsson	Är inte hennes man ingenjör?
Fru Bengtsson	Jo, det är han. Han arbetar på en maskinfirma i Lund.
Fru Olsson	Jaså. Ja, hälsa Eva så mycket!
Fru Bengtsson	Ja tack. Adjö då!
Fru Olsson	Adjö, adjö.

Grammatik
Frågor med ja/nej-svar

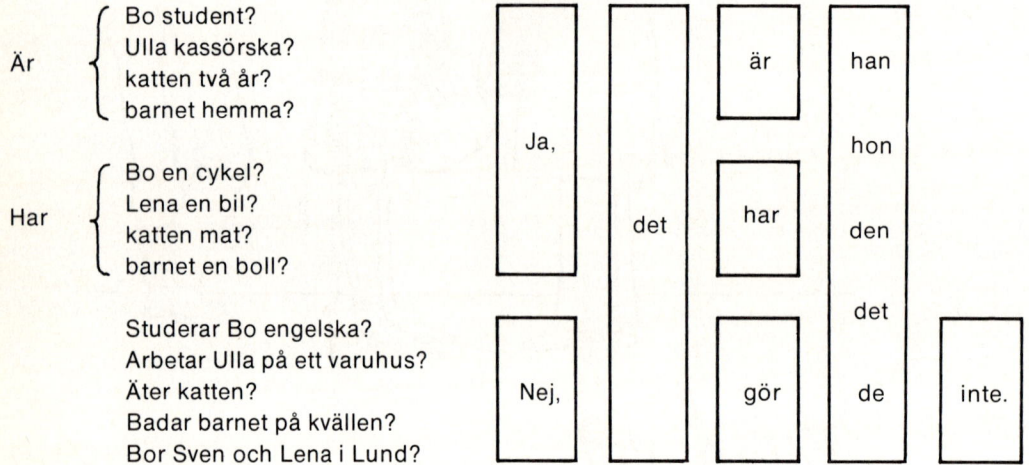

Positivt svar på negativ fråga

Är Bo **inte** student?	**Jo**, det är han.
Har Bo **inte** någon cykel?	**Jo**, det har han.
Studerar Bo **inte** engelska?	**Jo**, det gör han.

Ord och uttryck

> **ju** = som du vet.
> Eva är **ju** nygift = Eva är nygift, som du vet.

19 Avsnitt nitton — Nittonde avsnittet

Vad ska vi göra ikväll?

Det är lördag morgon. Åke sitter vid köksbordet och talar med Eva.

Åke   Du Eva, vad ska vi göra ikväll, tycker du? Ska vi gå på bio?
Eva   Ja, det låter bra.
Åke   Vad ska vi se för film? En kärleksfilm, kanske?
Eva   Nej, vet du vad! Jag vill faktiskt se något annat, en kriminalfilm till exempel. Det är så spännande.
Åke   Ja, då gör vi det. Men ska vi inte gå någonstans efter bion? Kan vi inte gå på restaurang och äta en bit mat?
Eva   Jo, det låter trevligt. Vi går in på någon intim liten restaurang och äter något riktigt gott.
Åke   Ja, det ska bli skönt att koppla av, och så slipper man laga mat!

Grammatik
Futurum

infinitiv	futurum med **ska**	futuralt presens
arbeta	ska arbeta	arbetar
läsa	ska läsa	läser
bo	ska bo	bor
skriva	ska skriva	skriver
göra	ska göra	gör
gå	ska gå	går

presens	futurum			
nu idag	om två år ikväll	nästa vecka i morgon	nästa månad i övermorgon	nästa år på torsdag på fredag
Vad gör Åke idag? Åke äter frukost nu.	Vad ska Åke göra i morgon? Åke ska arbeta i morgon.		Vad gör Åke i morgon? Åke arbetar i morgon.	

Ord och uttryck

vilken? – vad ... för (en)?
vilket ? – vad ... för (ett)?
vilka ? – vad ... för (några)?

Vad är det för något?

Vilken bil har Erik? Vad har Erik för bil?	Han har en Volvo.
Vilket arbete har Ulla? Vad har Ulla för (ett) arbete?	Hon är kassörska.
Vilka möbler har Svea? Vad har Svea för (några) möbler?	Hon har gamla möbler.
Vad är det (för något)?	Det är en bil.
Vilken bil är det? Vad är det för (en) bil?	Det är en Volvo.
Vilket hus är det? Vad är det för (ett) hus?	Det är en gammal skola.
Vilka barn är det? Vad är det för (några) barn?	Det är familjen Svenssons barn.
Vilket språk talar Jasna? Vad talar Jasna för språk?	Hon talar serbokroatiska.
Vilka språk talar Bo? Vad talar Bo för språk?	Han talar svenska och engelska.
Vad gör Bo för något?	Han studerar engelska.

20 Avsnitt tjugo — Tjugonde avsnittet

Berit vill ta körkort

Familjen Nilsson har bil, och Berit vill ta körkort. Hon kan inte köra bil, och hon får inte köra bil, för hon har inget körkort. Nu är hon bara sjutton år, men hon får ta körkort, när hon blir arton år.

Berit kan börja i bilskolan redan nu. Där måste hon studera teori, och där får hon också öva bilkörning i en övningsbil. Berit måste öva mycket, och hon behöver gå till bilskolan en gång i veckan. Det är mycket dyrt att gå i bilskola, så Berit vill också öva med pappa i familjens bil. De får göra så, för Göran har körkort sedan länge, och han kan köra mycket bra.

Ord och uttryck

 teori

 praktik

Berit kör bilskolans övningsbil

ett körkort

Grammatik
Hjälpverb

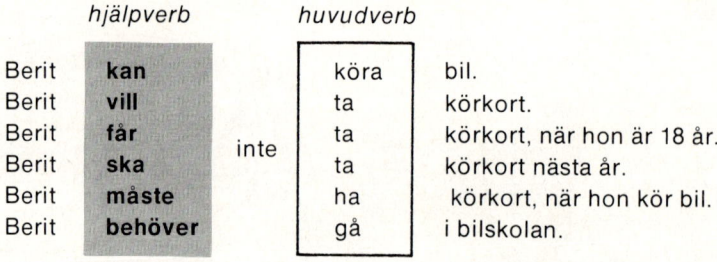

Ordföljd

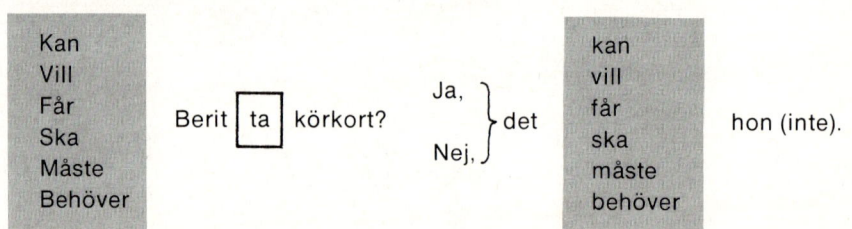

Infinitiv

infinitivmärke infinitiv
att **studera**

Bo går hem för **att studera** engelska.   Det är billigt **att ha** katt.
Det är dyrt **att gå** i bilskolan.   Det är roligt **att gå** på bio.

Ingen, inget, inga

Berit har **ingen** bil   = Berit har **inte någon** bil.
Berit har **inget** körkort = Berit har **inte något** körkort.
Berit har **inga** pengar   = Berit har **inte några** pengar.

*I satser med **två** verb:*   Berit ska **inte** köpa **någon** bil.
Berit ska **inte** ta **något** körkort i år.
Berit vill **inte** ha **några** pengar.

21 Avsnitt tjugoett — Tjugoförsta avsnittet

Samtal om väder

Ingrid Ek kommer hem från arbetet. Hon träffar Kristina Sandberg utanför huset. Solen skiner, och vädret är varmt och vackert. De stannar och pratar.

Ingrid	Så vackert väder vi har idag!
Kristina	Ja, inte sant. Men igår var det verkligen dåligt.
Ingrid	Ja, det regnade hela dagen. Jag arbetade inte, så jag gick och handlade. Sedan var Mats och jag inne hela dagen. Vi städade och bakade bröd och hade det ganska skönt i alla fall.
Kristina	Ja, det låter trevligt. Jag var i tvättstugan på eftermiddagen och tvättade. Sedan ställde jag ut blommorna på balkongen.
Ingrid	Jag trodde aldrig att det skulle bli vår i år.
Kristina	Det trodde inte jag heller, men nu ser det ut som om våren är här i alla fall.
Ingrid	Ja, det är verkligen underbart.

Grammatik
Imperfekt

konjugation	infinitiv	presens	imperfekt
1	arbeta	arbeta**r**	arbeta**de**
2 A	ställ/a	ställ**er**	ställ**de**
2 B	köp/a	köp**er**	köp**te**
3	tro	tro**r**	tro**dde**
4	skriv/a	skriv**er**	skrev
	gör/a	gör	gjorde
	vara	är	var
	ha	ha**r**	hade

59

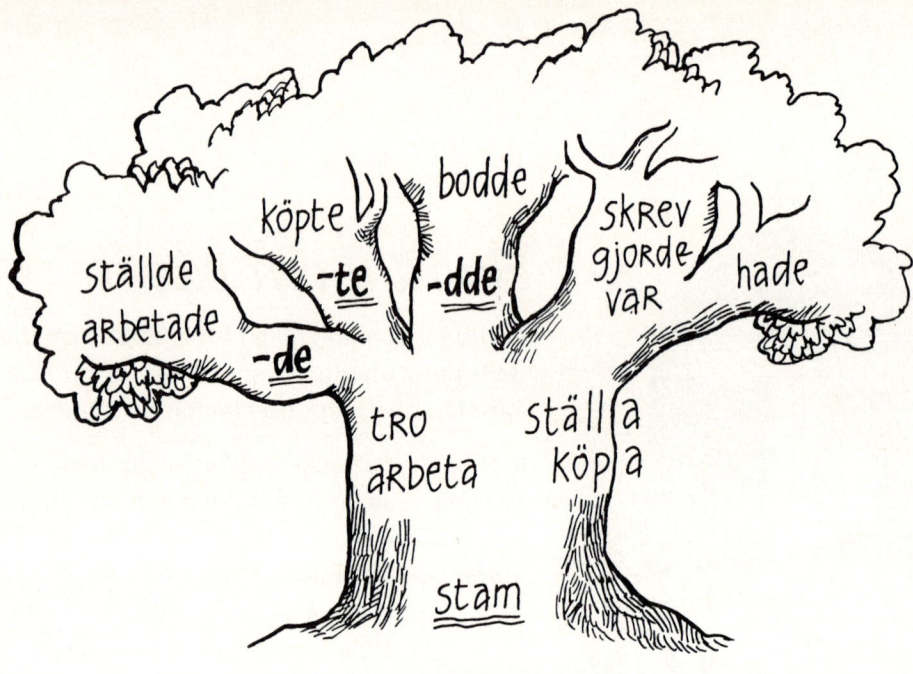

Imperfektträdet

DÅ
i onsdags   i torsdags   i fredags   i förrgår   igår
för två år sedan   förra veckan   förra året

Vad gjorde Åke igår? Han arbetade inte.
                    Han kopplade av.

NU
idag
i år
denna vecka

Vad gör Åke idag?
Han arbetar.

Ordföljd

Utropssatser har rak ordföljd!

En sådan fin bil du **har!**
Vilken   fin bil du **har!**
Så vackert väder vi **har!**

Ord och uttryck

inte . . . heller

Åke har **ingen** cykel. Eva har **inte heller** någon cykel.
Göran talar **inte** franska. Han talar **inte** tyska **heller.**

Ord och uttryck

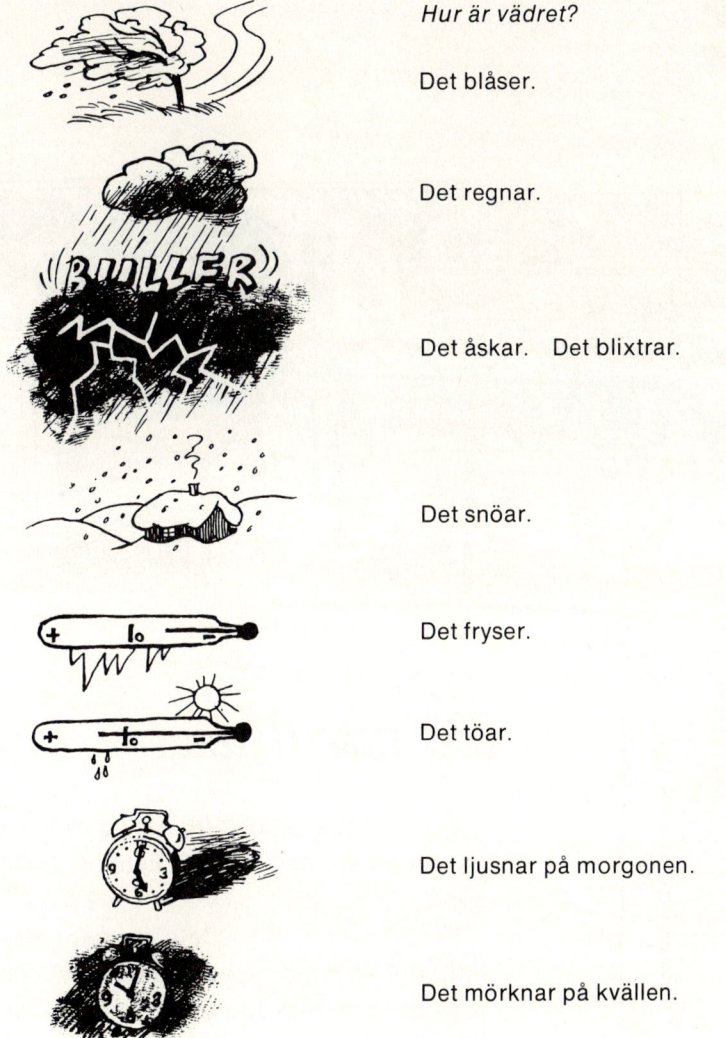

Hur är vädret?

Det blåser.

Det regnar.

Det åskar.   Det blixtrar.

Det snöar.

Det fryser.

Det töar.

Det ljusnar på morgonen.

Det mörknar på kvällen.

Dialog i hissen

Göran Nilsson Goddag, herr Falk.
Torsten Falk Goddag, goddag, herr Nilsson. Hur står det till?
Göran Nilsson Tack bra. Hur står det till själv?
Torsten Falk Tack, bara bra.
Göran Nilsson Så fint väder vi har idag!
Torsten Falk Ja, det har vi verkligen.
Göran Nilsson Ja, adjö då.
Torsten Falk Adjö, adjö.

22 Avsnitt tjugotvå — Tjugoandra avsnittet

På varuhuset

Igår var det tisdag och fru Falk gick in på ett varuhus i centrum för att handla. Hon hade en lång lista i handen med saker, som hon skulle köpa.

Först gick hon till avdelningen för elektriska artiklar och köpte fyra batterier till radion. Sedan gick hon in på livsmedelsavdelningen. Där tog hon en kundvagn och gick fram till kyldisken. Hon tog upp fyra liter lättmjölk och ställde paketen i vagnen. Sedan tog hon ett halvt kilo margarin, en kartong ägg och tre deciliter grädde och lade ner varorna bredvid mjölken i kundvagnen. Vid köttdisken tog hon ett paket fläskfärs och gick sedan vidare till grönsaksdisken. Där tog hon en påse med tre kilo potatis, fyra tomater, fem lökar och en lång gurka. Sedan tittade fru Falk på blommorna, som också fanns där. Men de såg inte särskilt vackra ut, så hon köpte inte några blommor.

Det var lång kö vid kassan och fru Falk måste vänta länge. Till sist blev det hennes tur, och hon lade upp varorna på disken. Det blev 118:50. Hon lämnade kassörskan två hundralappar och fick 82:50 tillbaka. På hemvägen gick fru Falk till torget och köpte några vackra vårblommor.

Grammatik
Imperfekt

infinitiv		presens		imperfekt
arbeta		arbetar		arbetade
1 handla	**-r**	handlar	**-de**	handlade
lämna		lämnar		lämnade
2A ställ a		ställer	**-de**	ställde
2B köp a	**-er**	köper	**-te**	köpte
3 bo	**-r**	bor	**-dde**	bodde
lägg a		lägger		la, lade
ta		tar		tog
gå		går		gick
4 få		får		fick
se		ser		såg
ha		har		hade
—		måste		måste
(skola)		ska, skall		skulle
vara		är		var

I lexikon		
arbeta	-r	-de
handla	-r	-de
lämna	-r	-de
ställ/a	-er	-de
köp/a	-er	-te
bo	-r	-dde
lägg/a	-er	la, lade
ta	-r	tog
gå	-r	gick
få	-r	fick
se	-r	såg
ha	har	hade
—	måste	måste
skola	ska, skall	skulle
vara	är	var

Avsnitt tjugotre Tjugotredje avsnittet

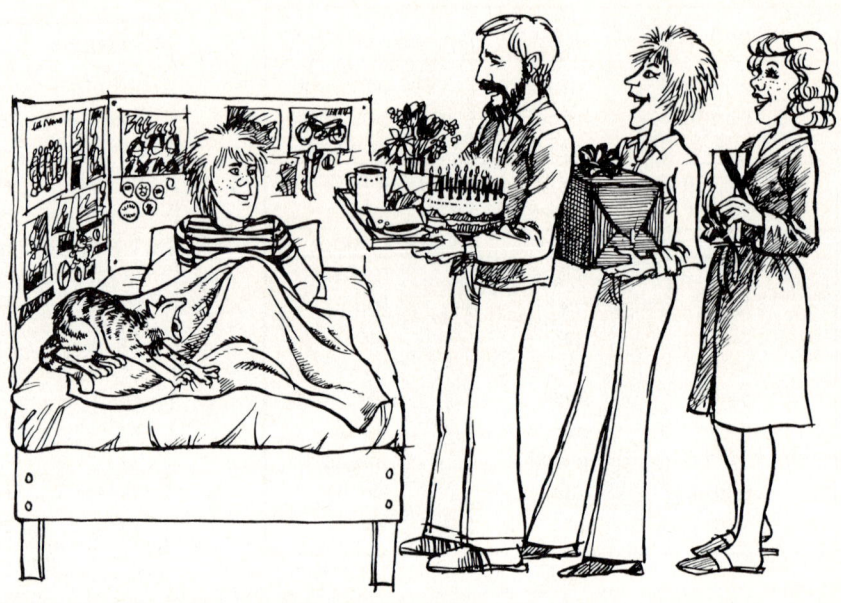

En födelsedag

Idag är det Kalles födelsedag. Klockan är sju på morgonen. Göran, Ulla och Berit står i köket. Göran lagar choklad, Berit brer en god smörgås, och Ulla dukar en fin bricka med en kopp, ett fat, en liten vas med blommor och en stor tårta med femton ljus. På brickan ligger också ett kuvert med pengar i. Det är från mamma och pappa. Kalle fyller nämligen femton år, och det betyder att han får köra moped. Kalle arbetade i somras och sparade pengar till en moped. Nu vill Kalles föräldrar ge honom lika mycket pengar som han har på banken, så att han kan köpa en ny moped. Morfar och mormor i Borås ger Kalle en hjälm i födelsedagspresent, som de skickar i ett stort, brunt paket. Berit har ett långt, grönt paket i handen.

Nu är allting klart. De går in i Kalles rum och sjunger:

> *Ja, må han leva!*
> *Ja, må han leva!*
> *Ja, må han leva uti hundrade år!*
> *Javisst ska han leva!*
> *Javisst ska han leva!*
> *Javisst ska han leva uti hundrade år!*

Kalle vaknar och blinkar mot alla ljusen i tårtan.

Kalle Ooh, vad är detta?
Alla Grattis på födelsedagen, Kalle!

De ger Kalle födelsedagspresenterna och sätter brickan på hans säng. Kalle öppnar först det vita kuvertet med pengarna och sedan det långa, gröna paketet. Det är ett par varma handskar. Till sist öppnar han det stora, bruna paketet med hjälmen i. Han blir jätteglad för de fina presenterna och ger alla en stor kram.

Grammatik
Oregelbundna adjektiv före substantiv

en	röd vacker liten bra	bil			bilar
ett	rött vackert litet bra	hus	många	röda vackra små	hus
den	röda vackra lilla bra	bil**en**	de	bra	bil**arna**
det		hus**et**			hus**en**

Ord och uttryck

lika ... som

Göran är **lika** lång **som** Sven..
Berit har **inte** lika mycket pengar **som** Kalle.

ett gratulationskort

Dialog 1 *Birgitta* Grattis på födelsedagen, Kalle!
            Kalle   Tack ska du ha!

Dialog 2 *Greta* Här är en liten present till dig från farbror Torsten och mig.
            Kalle Tack så mycket, tant Greta. Det var väldigt snällt!

24 Avsnitt tjugofyra — Tjugofjärde avsnittet

en filmrulle

Erik fotograferar

Erik Svenssons stora hobby är fotografering. Han har en ganska fin kamera, och den har han alltid med, när han och familjen åker ut i skogen på söndagarna eller hälsar på släkten. På semestern fotograferar han också mycket. Det blir många bilder under ett år. Dem klistrar han in i stora album. Mormor blir alltid glad, när hon får foton av barnbarnen, så Erik skickar ofta sådana till henne. I albumet finns det nästan inga foton av honom själv, eftersom det är Erik, som brukar ta bilderna.

"Vi måste ta ett foto av dig också, inte bara av oss andra. Om jag får kameran, ska jag ta några bilder av er", säger Birgitta ibland. Men tyvärr blir hennes bilder inte lika bra som Eriks.

Erik lämnar sedan in filmrullarna i en fotoaffär och hämtar dem efter en vecka. Familjen tittar tillsammans med honom på fotona och kommenterar dem.

Grammatik
Prepositioner

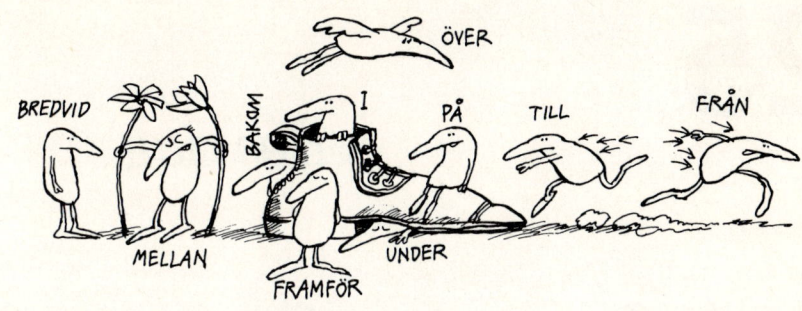

Subjekt och objekt

subjektsform	objektsform
jag	mig
du	dig
han	honom
hon	henne
den	den
det	det
vi	oss
ni	er
de	dem

Åke träffar Eva.
Han träffar **henne.**

Eva talar med Åke.
Hon talar med **honom.**

Göran ser Berit och Kalle.
Han ser **dem.**

Åke ger Eva en present. Åke ger en present till Eva.
Han ger **henne** en present. Han ger en present till **henne.**

Eva får en present av Åke.
Hon får en present av **honom.**

preposition + objektsform	
av	
bakom	
bredvid	mig
efter	dig
framför	honom
i	henne
med	den
mellan	det
om	oss
på	er
till	dem
vid	
under	
över	
från	

Ord och uttryck

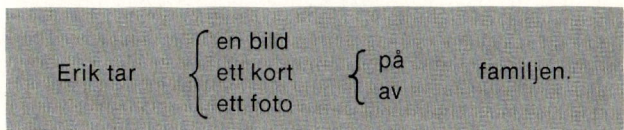

25 Avsnitt tjugofem — Tjugofemte avsnittet

Bos dag

Bo ligger och sover i sängen.

Väckarklockan ringer och han stiger upp.

Han går ut i badrummet för att tvätta sig.

Han tar först av sig pyjamasen.

Sen duschar han en lång stund.

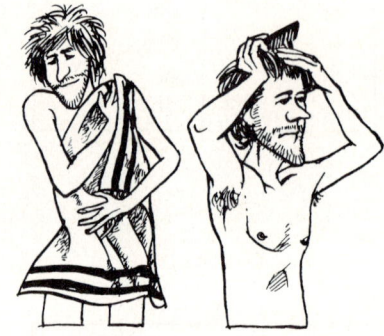

Han torkar sig på en handduk och kammar sig med en kam.

Han borstar tänderna med en tandborste och tandkräm.

Sedan bäddar han sängen och klär på sig.

 Han går ut i köket, äter frukost och läser tidningen.

 Klockan är mycket. Bo måste skynda sig.

 Han tar på sig ytterkläderna och ger sig iväg hemifrån.

 Bo går till universitetet och kommer fram några minuter över åtta.

 Sedan sätter han sig i hörsalen tillsammans med många andra studenter för att lyssna på läraren. Han lär sig mycket engelska varje dag.

Dialog

Det ringer på telefonen hemma hos Nilssons. Berit lyfter luren och svarar.

Berit Nilsson Nilsson.
Kjell Åman Hejsan Berit, det är Kjell.
Berit Nilsson Hej, Kjell. Det var roligt att du ringde. Hur har du det?
Kjell Åman Tack, det är bara bra. Och du då?
Berit Nilsson Bara fint. Hämtar du mig efter skolan?
Kjell Åman Ja, jag kommer och hämtar dig då.
Berit Nilsson Det var bra. Ja, hej så länge då!
Kjell Åman Hej, hej!

Grammatik
Reflexiva verb

reflexiva verb *icke-reflexiva verb*

 Erik↔Erik
Erik ser **sig** i spegeln.

 Erik→Olle
Erik ser **honom** i spegeln.

 Erik↔Erik
Erik tvättar **sig**.

 Erik→Olle
Erik tvättar **honom**.

 Mamma↔mamma
Mamma tvättar **sig**.

 Mamma→Karin
Mamma tvättar **henne**.

 Birgitta↔Birgitta
Birgitta klär **sig**.

 Birgitta→barnen
Birgitta klär **dem**.

 Bo↔Bo
Bo lär **sig** engelska.

 Läraren→Bo
Läraren lär **honom** engelska.

Infinitiv **att tvätta sig**   *Reflexiva pronomen*

presens	imperfekt	futurum
Jag tvättar mig idag.	Jag tvättade mig igår.	Jag ska tvätta mig i morgon.
Du tvättar dig idag.	Du tvättade dig igår.	Du ska tvätta dig i morgon.
Åke tvättar sig idag.	Han tvättade sig igår.	Han ska tvätta sig i morgon.
Eva tvättar sig idag.	Hon tvättade sig igår.	Hon ska tvätta sig i morgon.
Katten tvättar sig idag.	Den tvättade sig igår.	Den ska tvätta sig i morgon.
Barnet tvättar sig idag.	Det tvättade sig igår.	Det ska tvätta sig i morgon.
Vi tvättar oss idag.	Vi tvättade oss igår.	Vi ska tvätta oss i morgon.
Ni tvättar er idag.	Ni tvättade er igår.	Ni ska tvätta er i morgon.
De tvättar sig idag.	De tvättade sig igår.	De ska tvätta sig i morgon.

Ordföljd

Åke tvättar sig inte idag.   Idag tvättar Åke sig inte.

Tvättar Åke sig inte idag?   I dag ska Åke inte tvätta sig.

26 Avsnitt tjugosex   Tjugosjätte avsnittet

En försäljare

Det ringer på Ingrid Eks dörr. Ingrid öppnar dörren. Utanför står en ung man — en försäljare.

Försäljaren   Goddag, damen! Jag kommer från Dagens Bokförlaget. Jag har ett fantastiskt erbjudande till er. Köp den här boken om "Världen idag"!
Ingrid   Tack, men jag . . .
Försäljaren   Beställ den nu och vänta inte! Nu kostar den bara 185 kronor, men nästa månad stiger priset till 230 kronor. Tjäna 45 kronor på att köpa den nu!
Ingrid   Snälla ni, tala inte så högt! Jag har ett litet barn, som ligger och sover.
Försäljaren   Förlåt mig! Men säg att ni köper den! En ung dam som ni måste ha en sådan vacker bok. Det är en prydnad för ert hem!
Ingrid   Nej tack. Jag är inte intresserad. Adjö.
Försäljaren   Men snälla damen, tänk . . .

Ingrid stänger dörren.

 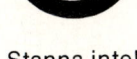    

Stanna!   Stanna inte!   Parkera inte här!   Gå och cykla här!   Kör till höger!   Cykla inte här!

Åk upp här!

Åk inte upp här!

Gå in här!

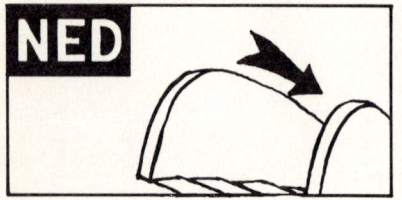
Åk ner här!

Åk inte ner här!
(ned = ner!)

Gå inte in här!

Gå ut här!

Gå inte ut här!

Grammatik
Imperativ

konjugation	infinitiv	imperativ
1	att tala	Tala!
2	att stäng/a	Stäng dörren!
3	att bo	Bo hos oss!
4	att skriv/a att gör/a att se	Skriv ett brev! Gör det! Se filmen!
reflexiva verb	att tvätta sig	Tvätta dig! Tvätta er!

Skiljetecken

```
.   punkt
,   komma
?   frågetecken
-   bindestreck
:   kolon
" " citationstecken
!   utropstecken
```

Ord och uttryck

> Stäng dörren!
> Var snäll och stäng dörren!
> Var vänlig och stäng dörren!
> Skulle du/ni vilja stänga dörren!
> Får jag be dig/er stänga dörren!

Dialog 1

En pojke	Mamma, vad betyder "stopp?"
Mamman	Det betyder att du ska stanna.

Dialog 2

Torsten Falk ringer efter en taxi.

En dam	Taxi. Var god dröj! . . . . . .
	Taxi.
Torsten Falk	Kan jag få en bil till Storgatan 12?
Damen	Ja, hur var namnet?
Torsten Falk	Falk.
Damen	Den kommer.

27 Avsnitt tjugosju   Tjugosjunde avsnittet

I trappuppgången

Husets barn sitter i trappuppgången och pratar och äter godis. De kastar godispapperet i trappan. De har tråkigt och vet inte vad de ska göra. Då kommer Torsten Falk in genom porten.

Torsten Falk	Goddag på er, barn!
Barnen	Goddag, farbror Torsten!
Torsten Falk	Varför sitter ni här inne, när det är så vackert väder ute?
Olle	Vi vet inte, vad vi ska göra.
Torsten Falk	Men det vet jag! Ni ska städa efter er och gå ut i friska luften. Det här är ingen lekplats. Olle, plocka upp alla papper! Och ni andra, hjälp honom!
Olle	Hjälp mig då!
Anna och Berit	Det gör vi ju!
Torsten Falk	Bråka inte nu! Se så, ut med er!
Olle	Gubbe!
Kalle	Akta dig, han kan ju höra dig!
Olle	Det bryr jag mig inte om!

Dialog

Torsten Falk	Det är ingen ordning på ungarna nuförtiden.
Svea Lindberg	Nej, tacka vet jag förr i världen.
Torsten Falk	Ja, då var det ordning och reda.

Grammatik
Frågebisats

Ordföljden är rak i frågebisats.

direkt tal		indirekt tal	
Åke frågar:	"Vad gör Eva?"	Åke frågar	vad Eva gör.
Åke frågar:	"Vad ska jag göra?"	Åke frågar	vad han ska göra.
huvudsats	*huvudsats*	*huvudsats*	*bisats*

 "Vad ska vi göra?"

Barnen vet inte vad de ska göra.

Platsadverb

  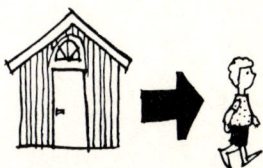

hem   hemma   hemifrån

Vart går han?   **Var** är han?   **Varifrån** kommer han?

Han kommer **hem**.	Han är **hemma**.	Han kommer **hemifrån**.
Han kommer **hit**.	Han är **här**.	Han går **härifrån**.
Han kör **dit**.	Han sitter **där**.	Han kör **därifrån**.
Hon går **ut**.	Hon är **ute**.	Hon kommer **utifrån**.
Hon kommer **in**.	Hon sitter **inne**.	Hon kommer **inifrån**.
De går **upp**.	De är där **uppe**.	De kommer **uppifrån**.
De springer **ner**.	De är där **nere**.	De kommer **nerifrån**.
Han reser **bort**.	Han är **borta**.	Han kommer långt **bortifrån**.

28 Avsnitt tjugoåtta   Tjugoåttonde avsnittet

ett djur i bur

Måns ligger i soffan och sover

Mamma går ut med Karo

Djur

I huset på Storgatan 12 finns det tre djur: en fågel, en katt och en hund. Svea Lindberg, som är änka och bor på fjärde våningen, har en liten fågel i bur. Fågeln heter Putte. Svea blir glad, när hon kommer hem, och Putte sjunger för henne. Hon känner sig inte så ensam i hans sällskap. "Vill du ha lite mat, min vän?" frågar Svea och ger Putte lite brödsmulor. "Det är så vackert väder idag", säger hon och öppnar fönstret, så att Putte ska få lite frisk luft.

    Kalle Nilssons katt Måns ligger för det mesta i soffan i vardagsrummet och sover. Ibland brukar Måns gå ut, men det vill han inte göra, när det regnar och blåser.

    Tidigt på morgonen väcker Svenssons hund Karo familjen och vill gå ut. "Jag vill gå ut med Karo", säger Karin. Men det får hon inte, för hon är ju bara två år. Ingen annan i familjen vill stiga upp så tidigt och gå ut med hunden. "Det är din tur att gå ut idag", säger alla till varandra. Till slut stiger mamma upp och går ut med Karo. Någon måste ju göra det!

En fågel äter brödsmulor.

Det regnar.

Det blåser.

Grammatik
Ordföljd

	1	2 (verb)	3	4
	Det	står	en bil	på gatan.
	Det	finns	ett djur	i rummet.

	1	2 (verb)	3	4
	På gatan	står	det	en bil.
	I rummet	finns	det	ett djur.

	1	2 (verb)	3
	Hon	frågar:	"Vill du ha mat?"
	Han	säger:	"Det är vackert väder."

	1	2 (verb)	3
	"Vill du ha mat?",	frågar	hon.
	"Det är vackert väder",	säger	han.

Satsbyggnad: konjunktionen "så att ..."

huvudsats	huvudsats
Svea städar våningen.	Den blir ren.
Bo studerar mycket.	Han klarar examen.

huvudsats	konjunktion	bisats
Svea städar våningen,	**så att**	den blir ren.
Bo studerar mycket,	**så att**	han klarar examen.

Oregelbundna substantiv

en fågel	fågeln	fåglar	fåglarna
ett fönster	fönstret	fönster	fönstren
ett väder	vädret	väder	vädren

Ord och uttryck

Han är flitig som en myra.
(Han arbetar alltid.)

Han är lat som en oxe.
(Han tycker inte om att arbeta.)

Han är dum som en åsna.
(Han är inte särskilt intelligent.)

De lever som hund och katt.
(De bråkar alltid med varandra.)

Det är ett riktigt hundväder idag.
(Vädret är hemskt.)

Katten också! Nu missar jag bussen!
(En sådan otur! Nu kommer jag för sent till bussen!)

29 Avsnitt tjugonio Tjugonionde avsnittet

Skolan har börjat

Skolan har just börjat efter sommarlovet. Olles klass sitter i klassrummet och talar om vad de har gjort under sommarlovet.

Läraren Nu ska ni skriva uppsats, om vad ni har gjort i sommar. Jag ska skriva några frågor på tavlan för att hjälpa er.

Olle sitter med ett vitt, tomt papper framför sig. "Vad har jag egentligen gjort i sommar?", tänker han för sig själv. De andra har redan börjat skriva. Olle bestämmer sig för att svara på frågorna, som står på tavlan. Han skriver "*MIN SOMMAR*" överst på papperet. Sedan fortsätter han.

Vädret har varit ganska ostadigt. Det har regnat mycket, och särskilt mycket regnade det, när jag var med mina föräldrar på landet i juli. Det har blåst mycket i sommar. Det blåste hårt, när jag och några kamrater skulle paddla kanot i början av augusti.

Olle läser igenom vad han har skrivit. "Så tråkigt det låter", tänker han. Olle fortsätter: *...Men sedan blev det vackert väder. Solen sken i tre dagar. Det har varit kallt i vattnet under hela sommaren, så jag har inte badat mycket. Jag badade en gång i juni, två gånger i juli och fem gånger i augusti. Jag har inte fiskat...*

Klockan ringer, och lektionen är slut. Olle blir glad och lämnar fram uppsatsen till läraren. Men läraren blir inte så glad. "Jag har inte hunnit skriva mera", säger Olle, "men jag ska skriva mera en annan gång".

Grammatik
Verbens konjugationer: perfekt

konjugation	infinitiv	presens		imperfekt		perfekt
1	laga	-r	lagar	-de	lagade	-t	har lagat
2 A	stänga	-er	stänger	-de	stängde	-t	har stängt
2 B	köpa	-er	köper	-te	köpte	-t	har köpt
3	bo	-r	bor	-dde	bodde	-tt	har bott
4	skriva		skriver		skrev	-it	har skrivit
	göra		gör		gjorde	-t	har gjort
	se		ser		såg	-tt	har sett

har + *supinum* = perfekt

lagat
stängt
köpt
bott
skrivit
gjort
sett
varit

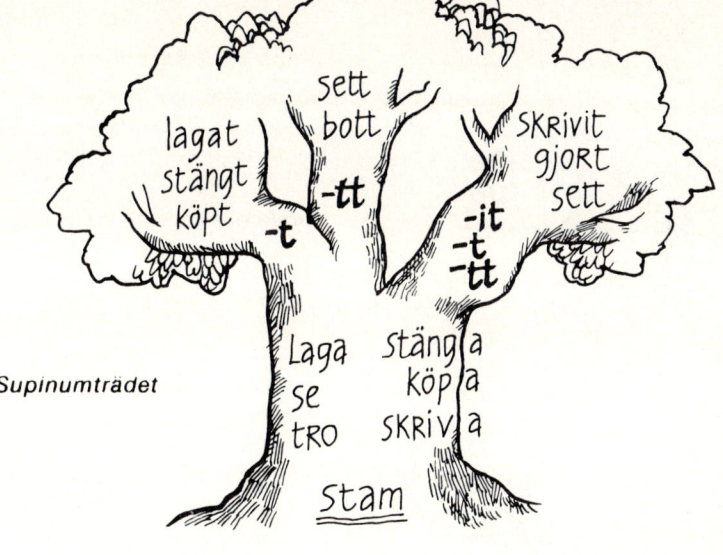

Supinumträdet

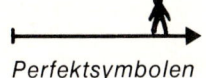
Perfektsymbolen

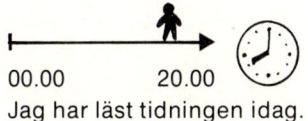
00.00   20.00
Jag har läst tidningen idag.

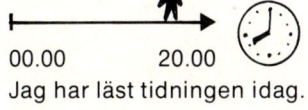
födelse
Hon har ofta varit utomlands.

1 januari   31 december 1 januari

Vi har haft en fin semester i år.   Vi hade en fin semester i fjol.

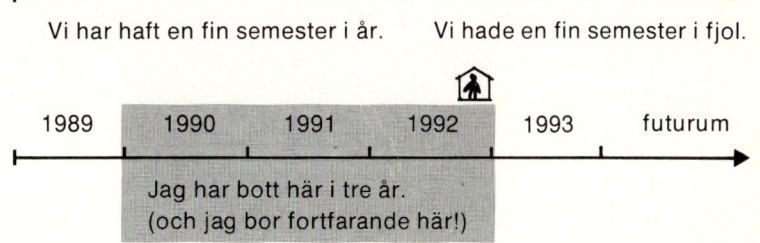

Jag har bott här i tre år.
(och jag bor fortfarande här!)

två tider:

Eva kommer hem klockan fem.   Eva äter middag klockan sex.
första tiden: perfekt   andra tiden: presens

När Eva har kommit hem,	äter hon middag.
bisats	huvudsats

	perfekt	*presens*
	FÖRE NU ⟶	NU (RESULTAT)

 Erik har lagat bilen. Bilen går bra nu.

 Anna har stängt dörren. Dörren är stängd.

 Greta har köpt middagsmat. Nu kan hon laga mat.

 Birgitta har sytt en klänning. Hon har en fin klänning nu.

 Eva har varit i Paris. Hon känner Paris ganska bra.

30 Avsnitt trettio — Trettionde avsnittet

Bo och hans grannar

Bo har många intressen. Han spelar trumpet i en orkester, han är medlem i en politisk förening, och han simmar ofta i en av stadens simhallar.

Hans intressen är alltså musik, politik och simning. Ibland spelar Bo trumpet i lägenheten. Hans grannar hör musiken, som irriterar deras öron och nerver. Efter en stund brukar Svea Lindberg ringa på Bos dörr.

Svea   Snälla Bo, nu måste du sluta med ditt oljud. Mitt huvud värker så jag har varit tvungen att ta en huvudvärkstablett.

Bo   Förlåt, jag är ledsen att jag har stört dig. Det var inte meningen. Jag trodde inte du var hemma.

Svea   Kan du inte gå hem till någon av dina kamrater och öva där?

Bo   Mina kamrater kan inte heller spela hemma. Deras grannar tycker inte heller om trumpetmusik, så vi är tvungna att ta våra instrument och gå och öva någon annanstans.

Svea   Ja, ni måste faktiskt tänka lite på era grannar och inte bara på er själva!

Grammatik
Satsbyggnad

Så . . . att
Sveas huvud värker **så** mycket **att** hon måste äta medicin.
Bo spelar trumpet **så** högt **att** alla grannarna hör det.

Också/både . . . och
Inte heller/varken . . . eller

Katten **sover**. Musen sover **också**.
Både katten **och** musen sover.

Katten sover **inte**. Musen sover **inte heller**.
Varken katten **eller** musen sover.

Oregelbundna substantiv

 ett öga, ögat   två ögon   ögonen

 ett öra, örat   två öron   öronen

31 Avsnitt trettioett — Trettioförsta avsnittet

Eva och Åke

Eva stiger alltid upp klockan sju. Hon lagar nästan alltid frukost till Åke, som sällan stiger upp före halv åtta. Eva hinner nästan aldrig läsa tidningen, innan hon går till arbetet. Men Åke har för det mesta tid att titta igenom den och dricka en kopp kaffe, för han börjar inte förrän klockan halv nio.

Eva kommer vanligen hem före Åke, för hon slutar ofta före fyra, och Åke arbetar alltid till klockan halv fem.

Klockan sex äter Eva och Åke middag. Sedan sitter de i vardagsrummet och tittar på TV. Då dricker de alltid en kopp kaffe. Liksom så många andra svenskar tycker de bäst om hemmakvällar, men ibland kan det hända att de tar en liten promenad eller gör ett biobesök, innan de går och lägger sig.

Grammatik
Placering av satsadverb

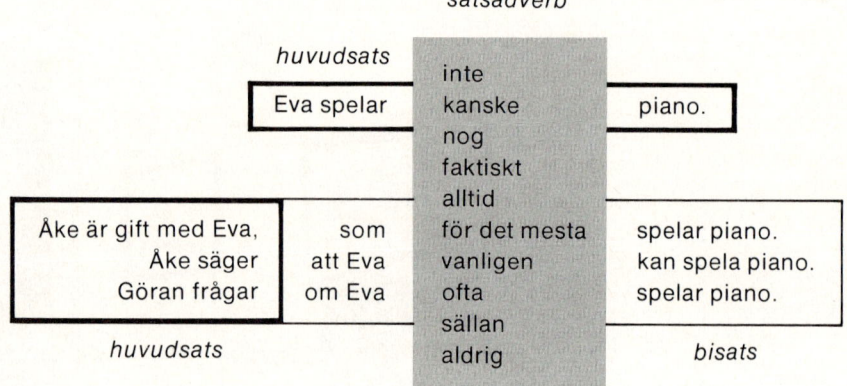

Satsbyggnad

Eva lagar frukost	innan	hon går till arbetet.
huvudsats	*konjunktion*	*bisats*

Ord och uttryck

före – efter

före klockan fyra – efter klockan fyra

Bilen kör före bussen.

Bilen kör efter bussen.

en kaffekopp   en kopp kaffe

32 Avsnitt trettiotvå Trettioandra avsnittet

Eva lagar Janssons frestelse

Ibland får Eva och Åke Hellström oväntade gäster. Då gäller det att snabbt kunna laga något gott, som de har alla ingredienser till hemma. Eva tycker om att laga mat, och en av hennes specialiteter är "Janssons frestelse". Det är en slags ansjovisgratäng, som är mycket populär i svenska hem, särskilt sent på natten — eller tidigt på morgonen! — på stora fester. Eva har receptet på gratängen i en kokbok, men hon behöver inte titta efter, vad där står, för hon brukar laga Janssons frestelse så ofta, att hon kan receptet utantill.

Recept på Janssons frestelse

INGREDIENSER:
En burk ansjovisfiléer
med ungefär 20 ansjovisar

2 stora, gula lökar
3 dl grädde
500 g potatis (ca 6 stycken)

Sätt ugnen på 225 grader!
Skala potatisen och skär den i smala strimlor. Skala löken, skär den i tunna skivor och stek den hastigt. Lägg potatis nederst i en smord form och varva sedan ansjovis, lök och potatis. Lägg potatis överst. Häll över hälften av grädden och lägg sedan på lite margarin. Låt formen stå i 225 graders värme i ugnen en halvtimme. Häll sedan resten av grädden över formen och låt den stå i en halvtimme till.
Servera med sallad, smör, bröd och ost!

Grammatik
Satsbyggnad: ordföljd i frågebisats

Ordföljden är **rak** i frågebisats.

huvudsats	huvudsats	bisats
Vad står där?	Eva tittar efter	vad där står.

Ord och uttryck

(en) *volym:* en liter (l) = tio deciliter (dl) = hundra centiliter (cl)
(en) *vikt* ett kilo (kg) = tio hekto (hg) = tusen gram (g); ett ton = tusen kilo
(en) *längd:* en meter (m) = tio decimeter (dm) = hundra centimeter (cm)
en mil = tio kilometer (km) = tiotusen meter (m)

(en) frukost
(ett) mellanmål
(en) lunch   } måltider   en måltid { en förrätt (soppa, smörgås)
(ett) mellanmål   en varmrätt eller huvudrätt
(en) middag   en efterrätt eller dessert
(en) kvällsmat
(en) vickning (vid fest på natten)

Dialog 1

Erik   Vad får vi till middag idag?
Birgitta   Köttbullar och potatismos.
Erik   Och vad blir det till efterrätt?
Birgitta   Ni får chokladpudding med vispgrädde.
Erik   Men ska inte du också äta dessert?
Birgitta   Nej, jag måste banta.

Dialog 2

Svea   Vill du ha en kopp kaffe?
Eva   Ja tack, det skulle smaka gott.

Dialog 3

Gästen   Tack för maten! Det smakade verkligen härligt!
Värdinnan Det var roligt att höra!

33 Avsnitt trettiotre — Trettiotredje avsnittet

En intressant bok

Monika Holm lånar ofta böcker och grammofonskivor av Bo Lundin. Ibland sitter de i Bos vardagsrum och lyssnar på musik, dricker vin och pratar om böcker.

Monika	Det är musik av Chopin, inte sant?
Bo	Ja, det är det. Tycker du om den?
Monika	Ja, det gör jag verkligen — den är så romantisk!
Bo	Får jag hälla upp lite vin till?
Monika	Ja tack, gärna. Det var ett väldigt gott vin!
Bo	Jag läser en intressant bok just nu.
Monika	Jaså, vad heter den?
Bo	Den heter "Röde Orm" och handlar om vikingarna i 900-talets Sverige.
Monika	Är det en roman eller en historisk bok?
Bo	Det är en roman, som berättar om en svensk viking. Han seglar västerut mot England och är med om många farliga och spännande äventyr.
Monika	Det låter som en verklig äventyrsroman.
Bo	Det är det också. Boken är mycket realistisk men också humoristisk.
Monika	Den boken skulle jag vilja få låna, när du har läst ut den.
Bo	Naturligtvis får du det. Jag har bara några sidor kvar, och jag läser säkert ut hela boken i kväll.

Grammatik
Futuralt perfekt

NU	SEDAN 1	SEDAN 2
presens	futuralt perfekt	futurum

Bo läser romanen nu.   När Bo har läst ut romanen, ska Monica låna den.

Adjektivens böjning

Regelbundna adjektiv
stor   stort   stora

Oregelbundna adjektiv

enkel	enkelt	enkla	**-el**: dubbel
mogen	moget	mogna	**-en**: nyfiken vuxen välkommen
vacker	vackert	vackra	**-er**: mager
gammal	gammalt	gamla	
liten	litet	lilla, små	
blå	blått	blåa	fri grå ny
röd	rött	röda	bred död glad sned
målad	målat	målade	*Verbaladjektiv på* **-ad**: lagad
hård	hårt	hårda	blond förkyld känd nöjd rund skild såld värd
kort =	kort	korta	*Adjektiv på konsonant* + **-t**: gift lätt tyst
bra =	bra =	bra	*Adjektiv på* **-a, -e**: extra främmande

Ord och uttryck

nittonhundratalet = år 1900–1999
niohundratalet = år 900–999

Det är musik av Chopin, **inte sant**?
Det är musik av Chopin, **eller hur**?   = Det är **väl** musik av Chopin?

Dialog

Erik   Läser du mycket?
Göran   Javisst. Men det blir för det mesta deckare.
Erik   Så du läser inte memoarer?
Göran   Usch nej!

BIBLIOTEK

| SKÖNLITTERATUR H | LITTERATURHISTORIA G | FACKLITTERATUR |

| SPRÅKVETENSKAP F | TEKNIK, INDUSTRI OCH KOMMUNIKATIONER P | RELIGION C |

| KONST, TEATER, FILM I | | FILOSOFI OCH PSYKOLOGI D |

INFORMATION

| ARKEOLOGI J | | UPPFOSTRAN OCH UNDERVISNING E |

| HISTORIA K | GEOGRAFI N | SAMHÄLLS- OCH RÄTTSVETENSKAP O |

| EKONOMI Q | IDROTT R | MEDICIN V | NATURVETENSKAP U |

34 Avsnitt trettiofyra — Trettiofjärde avsnittet

Frukostvanor

Det är morgon i huset på Storgatan 12. I de olika våningarna sitter människorna och äter frukost.

Högst upp i huset sitter Bo Lundin vid bordet i köket och dricker kaffe. Han är nästan alltid sömnig på morgnarna, så han dricker många koppar kaffe för att vakna riktigt, men han äter nästan aldrig någonting.

Svea Lindberg i lägenheten bredvid är inte hemma. Hon har redan börjat sitt städarbete på banken. Innan hon går dit, brukar hon äta en stor tallrik gröt.

Ingrid Ek och hennes lille son Mats i våningen under äter inte någon frukost hemma. Ingrid dricker kaffe och äter en bulle på arbetet, och Mats äter frukost på daghemmet.

Kristina och Monika, som bor på samma våning som Ingrid och Mats, dricker en kopp te, innan de rusar till bussen.

Torsten och Greta Falk äter en ordentlig frukost varje morgon. Den består av te, juice, ett kokt ägg, en tallrik gröt och en ostsmörgås.

Åke och Eva Hellström på samma våning äter yoghurt och en knäckebrödssmörgås, och sedan dricker de en kopp kaffe.

Familjen Nilsson äter en tallrik filmjölk, en smörgås och dricker juice och kaffe.

Sven Berg och Lena Nyman dricker kaffe och äter smörgås med något pålägg när de är hemma.

Familjen Svensson äter flingor med mjölk. Föräldrarna dricker te och barnen choklad.

Många svenskar äter ingenting på morgnarna — för de hinner inte!

Många svenskar äter ingenting på kvällarna — för de försöker banta!

Grammatik
Satsbyggnad: ordföljd i huvudsats efter bisats

huvudsats	bisats
Svea äter,	innan hon går till arbetet.

bisats	huvudsats
Innan Svea går till arbetet,	äter hon.

Ord och uttryck

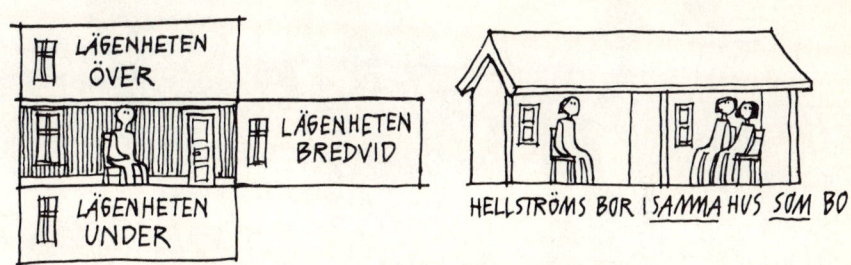

Dialog

— Vad brukar du äta till frukost?
— En smörgås och en kopp te. Och du då?
— Jag äter aldrig frukost!

35 Avsnitt trettiofem   Trettiofemte avsnittet

Lördag hos Hellströms

Eva och Åke Hellström har ganska långa arbetsdagar, så de måste organisera hemarbetet för att få någon fritid också. De brukar städa, tvätta och handla på lördagarna. De har delat upp hemarbetet så här:

Eva byter lakan i sängarna, medan Åke städar i badrummet. Åke går ner med tvätten i tvättstugan, medan Eva dammsuger i sovrummet. Medan Eva diskar och torkar golvet i köket, dammsuger Åke i vardagsrummet.

När de har städat våningen, lagar Åke kaffe, medan Eva hänger upp tvätten till tork. De dricker alltid en kopp kaffe och kopplar av lite, innan de kör till det stora varuhuset utanför Lund och handlar mat. De skriver också en lista på vad de ska köpa, innan de ger sig av. När de har handlat, äter de lunch och läser tidningen.

Efter lunchen vilar de en stund, och sedan brukar de köra ut i skogen och springa en runda för att få frisk luft och motion. När de har kommit tillbaka hem, duschar de och byter om, innan de går på bio eller på någon fest hos goda vänner — om de orkar.

Grammatik
Prepositioner: *före—under—efter*

Bilen kör **före** bussen. Katten springer **under** bussen. Cykeln kör **efter** bussen.

Matlagning klockan fem.   Middag klockan sex.   Disk klockan sju.

Hon lagar mat **före** middagen.   Hon lyssnar på radio **under** middagen.   Hon diskar **efter** middagen.

Satsbyggnad: Konjunktioner: *innan—medan—när*

 OBSERVERA *ordföljden!*

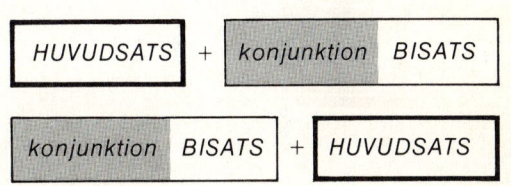

Hon lagar mat, **innan** hon äter.   Hon diskar, **när** hon har ätit.

Innan hon äter, lagar hon mat.   **När** hon har ätit, diskar hon.

Hon lyssnar på radio, **medan** hon äter.

Medan hon äter, lyssnar hon på radio.

36 Avsnitt trettiosex — Trettiosjätte avsnittet

I valtider

Det är i början av september och snart val i Sverige. Ingrid Ek är ute och promenerar med Mats, som är sex år och håller på att lära sig läsa. Det finns många affischer på gator och torg, och Mats försöker läsa vad det står med stora bokstäver på dem. Han läser: "Renare luft!" "Tystare trafik!" "Flera barndaghem!" "Längre semester!"

Mats förstår inte allt, och han frågar mamma.

Mats   "Lägre skatter" — vad är det, mamma?
Ingrid   Det betyder att jag ska få mera pengar kvar av min lön.
Mats   "Tryggare ålderdom" — vad är ålderdom?
Ingrid   Det är den tiden, när man är gammal. Alla människor blir ju äldre och äldre. Men kom nu, Mats! Vi måste gå hem nu!
Mats   Men "högre levnadsstandard" — vad är det, mamma?
Ingrid   Det betyder att vi ska få det bättre.
Mats   Får jag en ny cykel då?
Ingrid   Kanske det. Vi får se. Men kom nu!
Mats   Titta på den där roliga gubben! Vem är det?
Ingrid   Det är ingen rolig gubbe, det är en politiker.
Mats   Men han har ju mustasch och pipa och glasögon och en cowboyhatt! Jag tycker att han ser rolig ut. Vad är en politiker, mamma?
Ingrid   När vi kommer hem, ska jag berätta vad en politiker är.

Grammatik
Adjektivens komparation

Stolen är **dyr**.   Tavlan är **dyrare** än stolen.   Soffan är **dyrast**.

	positiv	komparativ	superlativ
Regelbunden komparation			
	dyr	dyr**are**	dyr**ast**
*adjektiv på -**el***:	enkel	enkl**are**	enkl**ast**
*adjektiv på -**en***:	mogen	mogn**are**	mogn**ast**
*adjektiv på -**er***:	vacker	vackr**are**	vackr**ast**
Oregelbunden komparation			
	hög	hög**re**	hög**st**
	stor	stör**re**	stör**st**
	liten	min**dre**	min**st**
	tung	tyng**re**	tyng**st**
	ung	yng**re**	yng**st**
	låg	läg**re**	läg**st**
	lång	läng**re**	läng**st**
	trång	träng**re**	träng**st**
	dålig	säm**re**	säm**st**
	bra	bätt**re**	bä**st**
	gammal	äld**re**	äld**st**
	många	fle**ra**	fle**st**
	få	fär**re**	(inga)

Ord och uttryck

se *(adjektiv)* ut:

Eva ser pigg ut.
Barnet såg sjukt ut.
Bilarna ser fina ut.

37 Avsnitt trettiosju — Trettiosjunde avsnittet

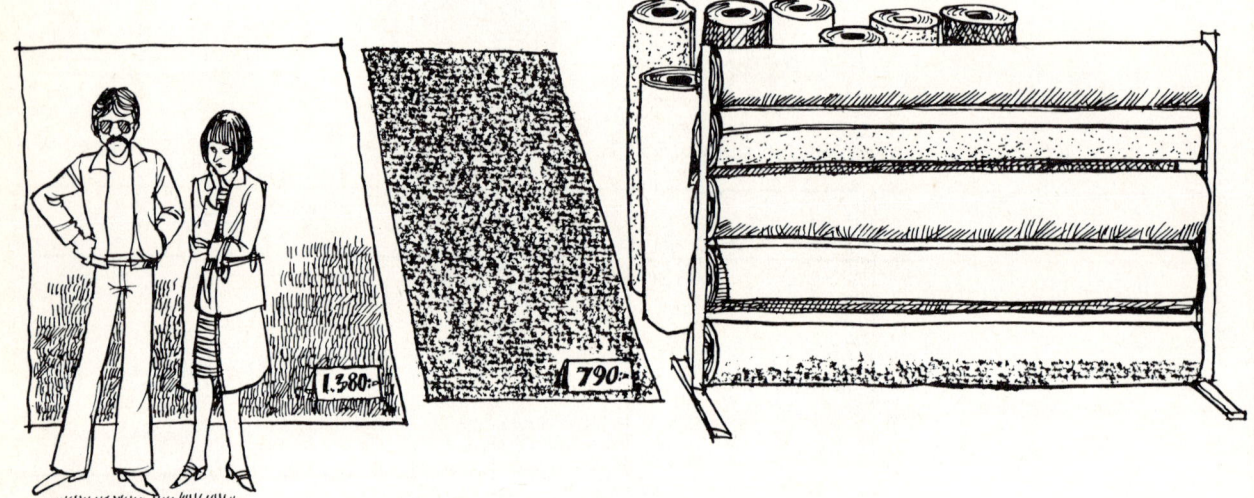

Ett bra köp

Åke Hellström hämtar Eva en fredagseftermiddag utanför skolan, där hon arbetar. De ska gå ut och handla och titta på mattor. De behöver en ny matta till vardagsrummet. Mattan som de har där hade Eva med sig till Lund, när hon flyttade hemifrån.

De har en grön soffa och två bruna fåtöljer i vardagsrummet, så de vill ha en matta i rött eller gulbrunt, som passar till möblerna. Åke och Eva går in på ett stort varuhus. De går direkt till mattavdelningen, där det finns många mattor i olika färger och mönster. Till slut väljer de mellan tre mattor: en gulbrun, en mörkgul och en rödmönstrad matta.

Den rödmönstrade mattan är dyrast och minst, och den kostar 4 500 kronor. Den gulbruna mattan är störst och kostar 1 380 kronor. Den mörkgula mattan är medelstor och billigast. Den kostar bara 790 kronor. Eva tycker att den röda mattan är vackrast, och Åke tycker att den mörkgula mattan är fulast.

De diskuterar priser, färger, kvaliteter och storlekar en lång stund, innan de bestämmer sig för den gulbruna mattan. Den är inte vackrast men störst och av bra kvalitet till ett lagom pris. De är nöjda med köpet och skyndar sig hem för att lägga mattan på golvet och se, om den passar så bra som de tror.

Grammatik
Adjektiv efter substantiv

		positiv	komparativ	superlativ
en bil / min bil / denna bil / bilen	är	**dyr**		
ett hus / mitt hus / detta hus / huset	är	**dyrt**	**dyrare**	**dyrast**
bilar / mina bilar / dessa bilar / bilarna		**dyra**		

Ord och uttryck

STOCKHOLM
680 000
invånare
Stockholm är störst.

GÖTEBORG
435 000
invånare
Göteborg är **näst** störst.

MALMÖ
235 000
invånare
Malmö är **tredje** störst.

TV:n kostar 5000:– kronor.
Jag har bara 4000:– kronor.
TV:n är **för** dyr.

TV:n är **för** dyr **för** mig, **för** jag har bara 4000:– kronor.
              adverb   *preposition*   *konjunktion*

Dialoger

Ett dåligt köp

Svea Lindberg var på ett varuhus igår och köpte en väska. När hon kom hem, upptäckte hon att det var något fel på väskans lås, så hon gick tillbaka till varuhuset nästa dag.

Svea   Det är något fel på den här väskan, som jag köpte igår. Det går inte att stänga den riktigt.
Expediten Jaha. Har ni kvar kvittot?
Svea   Ja, varsågod, här är det.
Expediten Tack. Vill ni ha pengarna tillbaka, eller vill ni byta väskan?
Svea   Jag vill ha pengarna tillbaka.

Ett annat dåligt köp

En lördagseftermiddag går Mats till kiosken för att köpa godis.

Mats   Jag ska ha en röd slickepinne!
Expediten Varsågod.

Mats kastar godispapperet på marken och börjar slicka. Men efter en stund går han tillbaka till kiosken.

Mats   Jag ska ha en grön slickepinne i stället, för den här smakar inte gott!

38 Avsnitt trettioåtta — Trettioåttonde avsnittet

Juli – en semestermånad

Det är en dag i augusti strax efter semestern. Monika Holm och Kristina Sandberg sitter i kontorets lunchrum och pratar med arbetskamraterna om semestern och semestervädret.

En kvinna	Varför har vi semester i juli egentligen? Juli brukar ha det sämsta vädret på hela sommaren. Det är absolut den regnigaste och kallaste semestermånaden.
En man	Jaa. Det bästa vädret på hela sommaren hade vi ju i juni.
Monika	Jag började min semester sista veckan i juni, och det var den varmaste och soligaste veckan på hela semestern. Nästa år ska jag ta hela min ledighet i juni. Det är det mest praktiska sättet att få mycket sol.
En kvinna	Det ska jag också. Det är sista gången, som jag har semester i juli.
En man	Jag tror att jag ska ta semester i augusti nästa år, om det går. Augusti brukar vara en fin månad.
Kristina	Ja, vi får väl se hur den här månaden blir i år. Vädret är ju fint nu. Det är inte särskilt roligt att sitta inne och arbeta, när solen skiner, och semestern är slut.

Dialog

Kalle Mamma!
Ulla Ja, vad är det?
Kalle Vet du vad världens längsta flod heter?
Ulla Nej, minsann. Det vet jag faktiskt inte. Vet du det?
Kalle Ja, den heter Nilen.

Grammatik
Adjektivets form i superlativ

Efter den, det, de, genitiv och possessivpronomen får adjektiven ändelsen **-aste**.
De oregelbundna adjektiven får ändelsen **-sta**.

singular

den det	finaste största	bilen huset
Evas min mitt		bil bil hus

plural

de	finaste största	bilarna husen
Evas mina		bilar hus

regelbundna -ast + -e = -aste

finaste
dyraste
.
.
.

oregelbundna -st + -a = -sta

högsta	längsta
största	trängsta
minsta	sämsta
tyngsta	bästa
yngsta	äldsta
lägsta	flesta

Hon har två bröder. Hennes **äldsta** bror heter Anders. Jag ska åka på semester med min **bästa** vän Nisse.

Komparation med "mer(a)" och "mest"

Adjektiv på -e och -isk, verbaladjektiv och långa adjektiv kompareras med **mera** *och* **mest**.

positiv	*komparativ*	*superlativ*
praktisk	mer(a) praktisk	mest praktisk
förtjusande	mer(a) förtjusande	mest förtjusande
intresserad	mer(a) intresserad	mest intresserad

39
Avsnitt trettionio   Trettionionde avsnittet

en sopborste

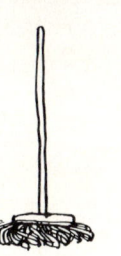
en mopp

en dammsugare

en hink

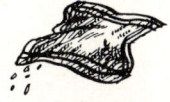
en trasa

ett paket tvättmedel

Efter arbetet

Svea Lindberg är städerska eller lokalvårdare, som det också heter. Hon arbetar från klockan sex till klockan nio på morgonen. Då öppnar banken, där hon arbetar. Efter arbetet är Svea trött och cyklar hem. Hon går direkt in i badrummet och klär av sig. Hon tvättar sig vid tvättstället. Sedan torkar hon sig med en handduk och klär på sig igen. Hon kammar sig framför spegeln och går sedan ut i köket för att sätta på kaffe. Hon hämtar tidningen, tar en kopp kaffe, sätter på radion och sätter sig vid köksbordet. Allt är lugnt och skönt.

Efter en stund känner hon sig trött och sömnig. Då går hon in i sovrummet och lägger sig och sover en stund. Hon ska arbeta i kväll igen mellan sex och nio. Då städar hon på ett kontor.

Svea får alltså se staden Lund både tidigt på morgonen, när fåglarna sjunger och solen går upp — och på kvällen, när skyltfönster och reklamljus lyser på biobesökare och restauranggäster.

Grammatik
Ordföljd vid reflexiva verb

Jag	tvättar		mig		klockan sju.
Du	tvättar		dig		nu.
Han	tvättar		sig	inte	i kallt vatten.
Vi	tvättar		oss		ofta.
Ni	tvättar		er		i badrummet.
De	tvättar		sig		med tvål.

Tvättar	jag	mig		klockan sju?
Tvättar	du	dig		nu?
Tvättar	han	sig	inte	i kallt vatten?
Tvättar	vi	oss		ofta?
Tvättar	ni	er		i badrummet?
Tvättar	de	sig		med tvål?

Klockan sju	tvättar	jag	mig		.
Nu	tvättar	du	dig		.
I kallt vatten	tvättar	han	sig	inte	.
Ofta	tvättar	vi	oss		.
I badrummet	tvättar	ni	er		.
Med tvål	tvättar	de	sig		.

Jag	brukar			tvätta mig	klockan sju.
Du	får			tvätta dig	nu.
Han	vill			tvätta sig	i kallt vatten.
Vi	behöver		inte	tvätta oss	ofta.
Ni	brukar			tvätta er	i badrummet.
De	ska			tvätta sig	med tvål.

Brukar	jag		tvätta mig	klockan sju?
Får	du		tvätta dig	nu?
Vill	han		tvätta sig	i kallt vatten?
Behöver	vi	inte	tvätta oss	ofta?
Brukar	ni		tvätta er	i badrummet?
Ska	de		tvätta sig	med tvål?

40 Avsnitt fyrtio — Fyrtionde avsnittet

En skilsmässa

Ingrid Ek är frånskild. Hon var tidigare gift i tre år. Hon träffade sin man Lars på en dansrestaurang en höstkväll i november. Ingrid tyckte att Lars var en charmig ung man. Han var artig och trevlig och körde Ingrid hem i sin Volvo den första kvällen. Lars frågade Ingrid, om han fick träffa henne igen. Hon svarade ja, och de träffade varandra ofta, åt middag i hans våning och gick på bio eller på någon restaurang.

Ingrid presenterade honom snart för sina föräldrar. De föll också för hans charm. Ingrids föräldrar tyckte att deras dotter gjort ett bra val, när hon sa att hon ville gifta sig med sin Lars.

Deras förlovning varade en månad, och vigseln ägde rum på pingstafton i en liten vit kyrka. Lars och Ingrid var mycket lyckliga.

Men det är inte så lätt att vara gift. Ingrid och Lars hade olika intressen. Lars ville gå på fester och restauranger och träffa sina kamrater. Ingrid brukade stanna hemma med sina böcker. Hennes intressen var nämligen litteratur och musik. Efter ett år fick de en son. De döpte sitt barn till Mats, och de blev lyckliga igen.

Men efter en tid började de gräla och kände att de kom längre och längre från varandra. Till slut skilde de sig, och Ingrid bor nu med sin lilla pojke i Lund. Lars träffar sin son en gång i veckan, och han betalar också ett underhåll till honom.

Grammatik
Reflexiva pronomen: sin, sitt, sina

Situationen är reflexiv.
sin, sitt, sina
(Åke – Åke)

Situationen är inte reflexiv.
hans, hennes, dess, deras
(Åke – Göran)

Åke   Åkes stol
        Åkes bord
        Åkes stolar

Göran Görans stol
         Görans bord
         Görans stolar

Åke målar sin stol.
Åke målar sitt bord.
Åke målar sina stolar.

Åke målar hans stol.
Åke målar hans bord.
Åke målar hans stolar.

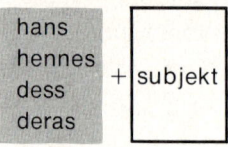

hans / hennes / dess / deras + subjekt

Åkes stol står på golvet.
Hans stol står på golvet.
    subjekt

Det är Åkes stol.
Det är hans stol.
    subjekt

41 Avsnitt fyrtioett   Fyrtioförsta avsnittet

Den nya bilen

Åke och Eva Hellström har köpt en ny bil. Den står på gatan utanför huset. Åke och Eva har just gjort en provtur med sin nya bil och står och tittar på den, när Erik Svensson kommer hem. Erik parkerar sin bil bakom deras och kommer fram till Åke och Eva.

Erik är bilmekaniker och mycket intresserad av bilar, så han tittar noga på den nya bilen. Han och Åke diskuterar bilar en lång stund. Eva känner sig litet utanför, så hon går in i huset. Där möter hon Birgitta Svensson, som också talar om deras nya bil. Birgitta och Erik har nämligen också pratat länge om att köpa ny bil. Deras gamla är ganska rostig och klarar nog inte nästa besiktning på bilprovningen. Men de har inte råd just nu att köpa ny bil, så de får köra med sin gamla rostiga bil åtminstone ett år till.

Grammatik
Reflexiva pronomen: sin, sitt, sina

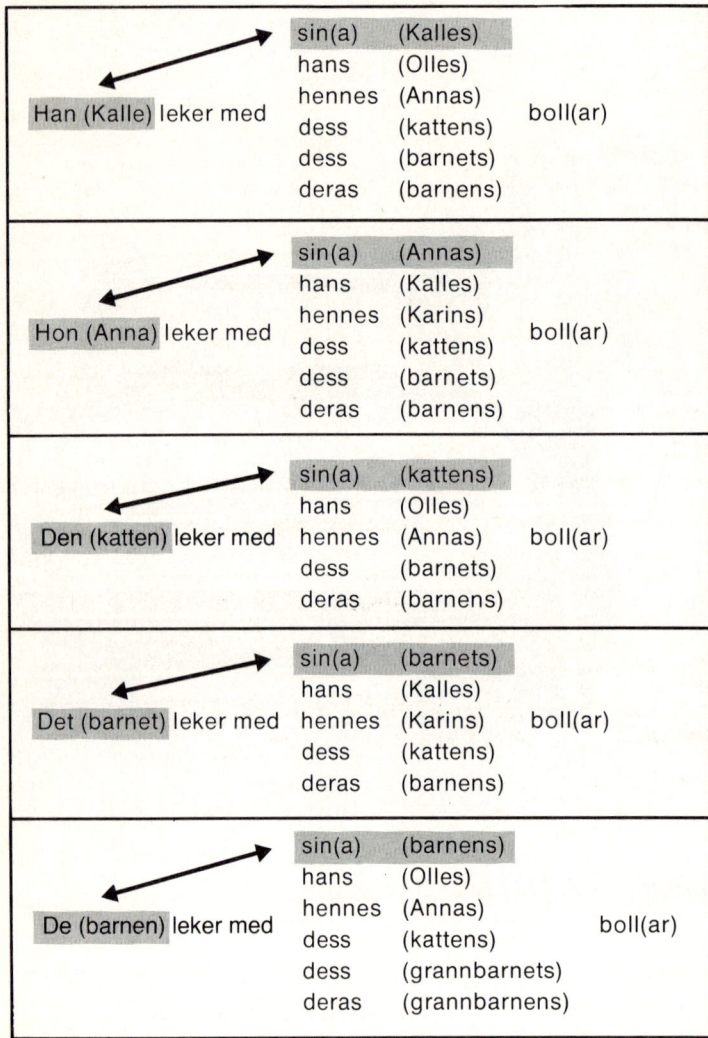

Ord och uttryck

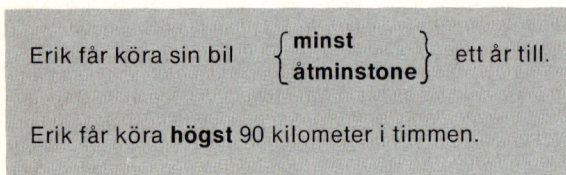

Erik får köra sin bil { minst / åtminstone } ett år till.

Erik får köra **högst** 90 kilometer i timmen.

42 Avsnitt fyrtiotvå — Fyrtioandra avsnittet

Ett äldre par

Torsten och Greta Falk är ett trevligt gammalt par. Greta är liten och rund, och hon ser alltid lika glad och vänlig ut — som en riktig mormor eller farmor. Torsten är lång och smal, och han ser ganska militärisk ut, men han är alltid artig, öppnar dörren, lyfter på hatten och säger Goddag. Han går snabbt och militäriskt, och han talar högt och bestämt. Barnen i huset är lite rädda för honom. De vågar till exempel inte släppa ut luften ur farbror Torstens cykel, som de gör med de andra cyklarna ibland.

Männen i huset känner sig lite nervösa, när de möter Torsten Falk. Han påminner dem om deras värnpliktstid, när de låg i "lumpen".

Greta är populär bland barnen. Hon pratar alltid vänligt och intresserat med dem. Hon talar inte högt som Torsten, utan lågt och mjukt. Hon går långsamt och tittar sig nyfiket omkring med pigga, glada ögon.

Både Torsten och Greta är sportiga, och de cyklar i stället för att åka bil. Torsten brukar säga: "En sund själ i en sund kropp", medan Greta säger: "En sund själ i en rund kropp"!

Grammatik
Adjektiv och adverb

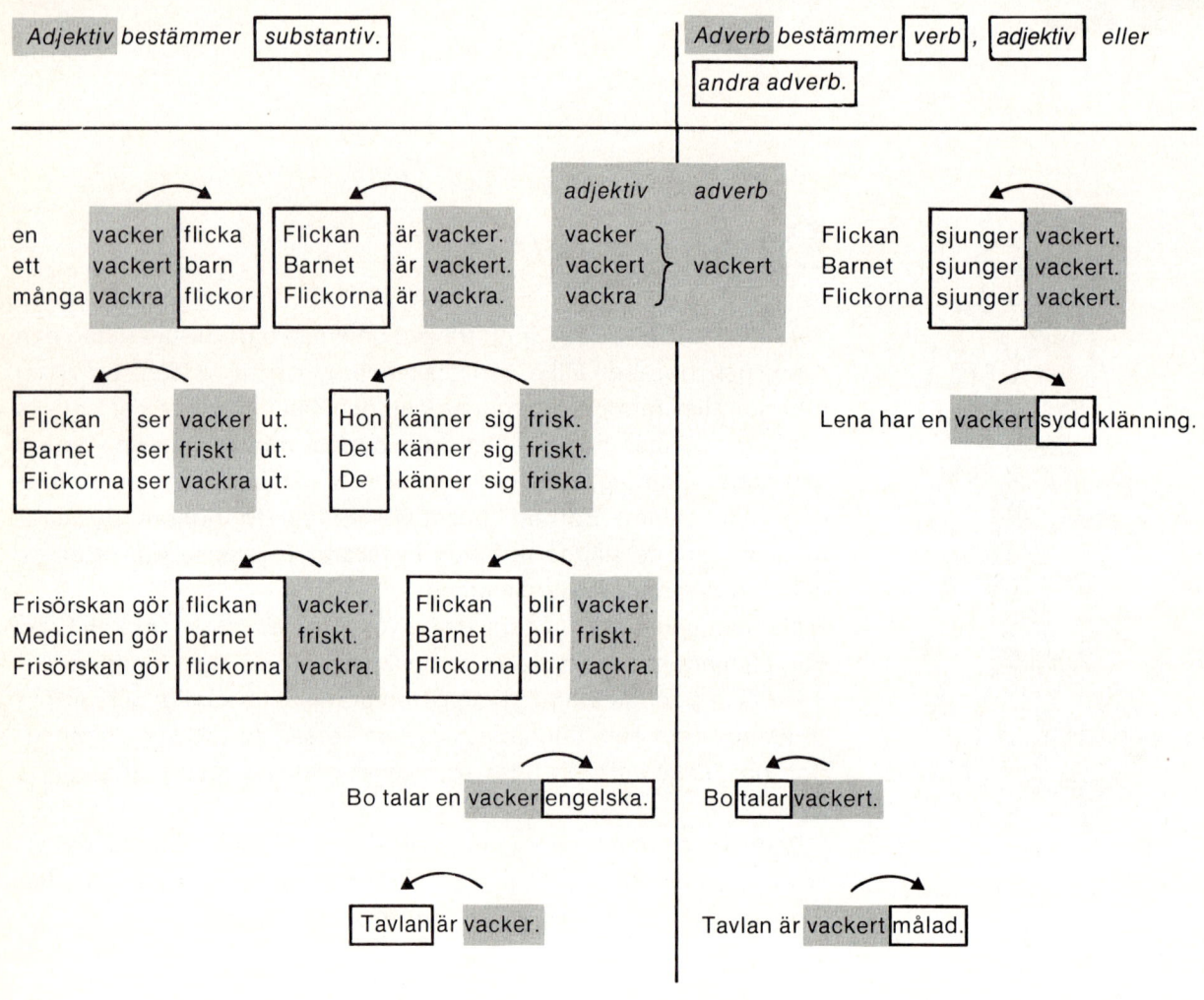

43 Avsnitt fyrtiotre   Fyrtiotredje avsnittet

Semesterbilder

När Göran Nilsson kör hem från arbetet, hämtar han bilderna från semestern i fotoaffären. Alla i familjen är redan hemma, när han kommer hem.

Göran   Här är bilderna från semestern. Vilka fina kort!
Ulla   Vad kostade de?
Göran   De var dyra, de kostade 150 kronor.
Alla   Får vi se? Är de bra?
Göran   Några är bra, andra är dåliga.

Hela familjen sätter sig ner för att se på fotona.

Berit   Titta på pappa! Vad han ser trött och arg ut!
Ulla   Och här är Kalle med sina fiskar. Han ser verkligen glad ut, men kortet är lite för mörkt.
Göran   Men titta på hans kläder! Byxorna är ju smutsiga, skjortan är skrynklig, och han är våt i håret.
Kalle   Det regnade ju!
Ulla   Titta på det här kortet! Det är så bra — en glad och lycklig familj på semester! Det skickar vi till mormor.
Kalle   Titta på Berit! Vad hon ser ledsen ut!
Göran   Ja, och kortet är lite för ljust också.
Berit   Här är ett alldeles vitt kort. Det måste vara ett kort på Kalle. ▶

Han fastnar aldrig på foton. Men det är ovanligt bra för att vara av honom!
Kalle Äh, håll tyst!
Berit Men titta på mamma då! Vad hon ser tjock ut!
Ulla   Usch, det var ett dåligt foto.

Sedan klistrar Göran in alla fotona i ett album. Men snart har han så många album, att han inte vet var han ska göra av dem!

Grammatik
Ordföljd i utropssats

Ordföljden är **rak** i utropssatser

| Vad | hon | ser | vacker ut! |
| Så vacker | hon | ser | ut! |

Vad högt	huset	är!
Så högt	huset	är!
Vad	huset	är högt!

Vad	bilarna	ser	fina ut!
Så fina	bilarna	ser	ut!
Vad	bilarna	är	fina!

En sådan / Vilken } vacker flicka (hon är)!
Ett sådant / Vilket } högt hus (du bor i)!
Sådana / Vilka } vackra flickor (det finns)!

Dialog

Eva   Vilken snygg jumper du har!
Birgitta Tack!
Eva   Är den ny?
Birgitta Ja, det är första gången som jag har den.
Eva   Den klär dig verkligen!
Birgitta Tycker du det?

Avsnitt fyrtiofyra **Fyrtiofjärde avsnittet**

Lucia

Det är en kall och blåsig morgon den trettonde december. Väckarklockan ringer i Berits rum. Hon stänger av den och sträcker lite på sig. Det är varmt och skönt i sängen, men hon måste stiga upp, trots att klockan bara är halv sex. Hon sätter sig upp i sängen, sticker fötterna i morgontofflorna, går fram till fönstret och drar upp persiennerna. Det är alldeles mörkt ute, och det snöar och blåser.

Efter en snabb dusch klär hon på sig och går ut i köket och lagar choklad. Hon är så sömnig, att hon inte orkar äta någonting. Hon tar en kasse, som hon packade kvällen före. Där ligger ett långt, vitt nattlinne, en luciakrona, ett brett, rött sidenband och en påse lussekatter.

Eftersom det är den trettonde december, Luciadagen, idag, ska Berit och hennes klasskamrater "lussa" för sin klassföreståndare. Berit tar på sig ytterkläderna och går tyst ut genom dörren.

När hon kommer ut på gatan, går hon snabbt mot torget, där alla ska träffas kvart över sex. Hon möter flera andra ungdomar med kassar i händerna och vita nattlinnen. Hon kommer till torget precis en kvart över sex och hälsar på de andra, som redan har kommit. De går snabbt mot lärarens hus. När de kommer in i trappuppgången, byter de om till luciakläder. De tar fram en bricka och placerar koppar och fat med lussekatter och pepparkakor på den. Någon har en termos med kaffe med sig. Sedan går de upp till lärarens dörr, ringer på och börjar sjunga:

1. Sankta Lu-ci - a, Ljus-kla-ra häg-ring,
Sprid i vår vin-ter-natt Glans av din fäg-ring!
Drömmar med vingesus Under oss si - a, Tänd di-na
vi - ta ljus, Sankta Lu-ci - a! Sank-ta Lu-ci - a.

Grammatik
Sammansatta verb (partikelverb)

Sammansatta verb har tryckaccenten på partikeln

konju-gation	infinitiv	imperativ	presens	imperfekt	supinum
1	duka av	duka av!	dukar av	dukade av	dukat av
2 A	slänga bort	släng bort!	slänger bort	slängde bort	slängt bort
2 B	låsa upp	lås upp!	låser upp	låste upp	låst upp
3	sy fast	sy fast!	syr fast	sydde fast	sytt fast
4	bjuda in	bjud in!	bjuder in	bjöd in	bjudit in

Betona alltid partikeln!

Mamma | dukar | alltid | av | bordet efter middagen.

 OBSERVERA

skillnaden mellan sammansatta verb och verb med obetonad preposition!

hälsa på = besöka, gå hem till   Monika hälsar på Bo.
hälsa på = säga "Goddag!" eller "Hej!"   Monika hälsar på Bo.
gå mot = kollidera med   Berit går mot en cykel.
gå mot = gå i riktning mot   Berit går mot torget.

Ord och uttryck
Helger och andra högtidsdagar

en vardag: affärerna är öppna
en söndag: nästan alla affärer är stängda
en helgdag: nästan alla affärer är stängda
ett veckoslut = en helg: en lördag och söndag

Vi önskar varandra:
Trevlig helg! – Tack detsamma!

Nyår
31 december Nyårsafton (vardag)
1 januari Nyårsdagen (helgdag)

Gott nytt år!

Trettondagshelgen
5 januari Trettondagsafton (vardag)
6 januari Trettondagen (helgdag, trettonde dagen efter jul)

Påsk
Långfredagen (helgdag, fredag)
Påskafton (vardag, lördag)
Påskdagen (helgdag, första söndagen efter första fullmånen efter vårdagjämningen)
Annandag påsk (helgdag, måndag)

Glad påsk!

Kristi himmelsfärdsdag (helgdag, torsdag, fyrtionde dagen efter påsk)

Pingst
Pingstafton (vardag, lördag)
Pingstdagen (helgdag, söndag, femtionde dagen efter påsk)
Annandag pingst (helgdag, måndag)

Glad pingst!

1 maj Första maj

6 juni *Svenska flaggans dag* (vardag, nationaldag)

Midsommar
Midsommarafton (vardag, fredag)
Midsommardagen (helgdag, lördag mellan 20 och 26 juni)

Glad midsommar!
Trevlig midsommar!

Alla helgons dag (helgdag, lördag mellan 31 oktober och 6 november)

10 december *Nobeldagen* (vardag, Kungen delar ut nobelprisen)

13 december *Luciadagen* (vardag, man firar Lucia)

Jul
24 december Julafton (vardag)
25 december Juldagen (helgdag)
26 december Annandag jul (helgdag)

God jul!

45 Avsnitt fyrtiofem   Fyrtiofemte avsnittet

Kalmar slott

Ett brev från Ingrids föräldrar

En dag i början av april får Ingrid Ek ett brev med posten. Hon öppnar det och läser det. Brevet är från Ingrids föräldrar i Kalmar. Så här står det:

Kalmar 10/4 1993

Kära Mats och Ingrid!
Det var länge sedan ni hörde av er! Vi hoppas att ni har det bra. Far och jag har varit lite förkylda, men nu mår vi bra igen. Det är inte så konstigt efter denna kalla och blåsiga vår. Vi hoppas att ni kommer hem till påsk, som vi har planerat. Det ska bli så roligt!

Mats' lilla säng står färdig i ditt gamla flickrum, Ingrid. Far och jag längtar så efter vårt lilla barnbarn! Han är väl samma glada och livliga pojke som vanligt.

Vi bytte bil för en tid sedan. Den gamla bilen började bli så rostig. Någon ny bil har vi inte råd med, så vi har köpt en begagnad SAAB av 1985 års modell. Den verkar bra.

Vad önskar Mats sig i födelsedagspresent? Far och jag har tittat på ett fint litet leksakståg. Tror du han vill ha ett sådant? Eller ett par riktiga snickarbyxor? Men det finns ju också många andra roliga saker för barn nuförtiden. Vill du vara snäll och skriva vad Mats önskar sig! Vi har inga andra förslag än leksakståg eller snickarbyxor.

Ha det så bra båda två!

Hjärtliga hälsningar och en stor kram till er båda
från
FAR och MOR

Grammatik
Adjektiv före substantiv

Singular						Plural					
en någon ingen vilken varje	fin	finare			bil	inga få några flera många alla	fina	finare			bilar
ett något inget vilket	fint				hus	vilka 27					hus
den (här, där) det		finare	finaste	största	bilen huset	de (här, där)	fina	finare	finaste	största	bilarna husen
Evas min, din… denna samma nästa följande mitt, ditt… detta	fina		finaste	största	bil hus	Evas mina, dina… dessa samma följande	fina		finaste	största	bilar hus

115

46 Avsnitt fyrtiosex — Fyrtiosjätte avsnittet

Skvaller

Birgitta Svensson och Svea Lindberg sitter i Sveas kök och dricker eftermiddagskaffe tillsammans. Det gör de ofta. "Kom in på en kopp!", brukar de säga till varandra.

De har alltid mycket att prata om, särskilt då om grannarna, förstås.

Birgitta   Vad tycker du om Hellströms nya bil?

Svea   Ja, den är ju flott, men en ny bil nu igen! Hur har de råd? 160 000 kronor kostar den, har jag hört. Det är ju en hel årsinkomst.

Birgitta   Är det någon, som har råd att betala 160 000 kronor för en bil, så är det väl de. Unga, friska människor med välbetalda arbeten är de, och så har de ju inga barn.

Svea   Ja, Eva köper ju en hel del nya kläder också. Hon är minsann alltid klädd efter det senaste modet.

Birgitta   Ja, på tal om pengar, spriten är ju också dyr. Du skulle ha sett häromdagen, när Bo kom hem från systembolaget med två stora kassar. Dörren smällde igen, och en av kassarna kom emellan. Alla flaskorna gick sönder, och all spriten rann ut i trappuppgången. Sedan låg han halva förmiddagen och torkade sprit i trappan.

Svea   Var det i onsdags?

Birgitta	Ja, just det.
Svea	Ja, jag tyckte väl att det luktade sprit i trappuppgången. Förresten, jag undrar om det inte blir förlovning här i huset snart.
Birgitta	Vilka menar du då?
Svea	Bo och Monika förstås. Hon är ju jämt uppe hos honom. Hon lånar visst böcker av honom. Så många böcker som hon har läst den sista tiden har hon nog inte läst i hela sitt liv!
Birgitta	Det skulle verkligen vara roligt. Det är ju två trevliga ungdomar. Men oj då! Klockan är ju redan fyra. Jag måste nog hem och sätta på maten. Tack ska du ha för kaffet, Svea!

Grammatik
Proverbet "göra"

Svea **dricker** kaffe. Det **gör** hon ofta.
Bakar kakor **gör** Birgitta ofta.
Lagar bilar, det **gör** Erik varje dag.
Berit: Jag **går** på bio med Kjell i kväll. Mamma: Ja, **gör** det du!

Ord och uttryck

ju = 1 *som du vet*
Stockholm ligger **ju** i Sverige.
Stockholm ligger i Sverige, som du vet.

2 *naturligtvis*
Det är söndag i morgon, då är **ju** affärerna stängda.

väl = 1 *inte sant? eller hur?*
Du kommer **väl** i morgon?
Du kommer i morgon, inte sant? eller hur?

2 *nog*
Jag tyckte **väl**/**nog** att det luktade sprit.

inte	(0 %)	Stockholm ligger **inte** i Norge.
kanske	(50 %)	Det blir **kanske** regn i morgon.
nog	(75 %)	Bo och Monika förlovar sig **nog** snart!
säkert	(100 %)	Eva har **säkert** råd att köpa nya kläder.

47 Avsnitt fyrtiosju   Fyrtiosjunde avsnittet

Nya grannar

Alla i huset talar med varandra litet mer än vanligt. Det står ett namn på dörren till den tomma lägenheten. Det är ett utländskt namn — Novak! Folk stannar till framför dörren och tittar på namnskylten.

Familjen Svensson är lite rädda för att få en utländsk familj i våningen över sig, men Hellströms tycker att det ska bli trevligt att få nya grannar. Kalle och Berit Nilsson hoppas att familjen har barn i deras ålder.

En lördagsförmiddag stannar en flyttbil utanför huset. Många står bakom gardinerna och tittar försiktigt ut genom fönstret. Två män stiger ur bilen, går fram till porten och in i huset.

Ulla Nilsson går ut i trappuppgången och kastar soppåsen i sopnedkastet. Dörren till Novaks lägenhet står öppen. Hon tittar in, när hon går förbi den, men hon ser ingenting särskilt.

De två männen går ut till flyttbilen igen. De bär in möbler, väskor och lådor från flyttbilen. Efter några timmar är de klara. De hoppar in i bilen och kör iväg. En timme senare kommer en av männen tillbaka tillsammans med en ung kvinna och ett litet barn. De står en stund ute på gatan och tittar upp mot våningen, innan de öppnar porten och går in. Det är Milan Novak, som flyttar in i huset med sin fru Maria och deras lilla flicka Jasna.

Grammatik
Sammansatta verb (partikelverb)

Tryckaccenten ligger på verbet: Åke *tittar* på TV.

Tryckaccenten ligger på partikeln: Åke *tittar på*, när Eva lagar mat.

tittar	in	Ulla tittar in i lägenheten.
	ut	Ulla tittar ut genom fönstret.
	upp	Männen tittar upp mot andra våningen.
	ner	Ulla tittar ner på gatan.
	på	Ulla tittar på, när de flyttar in.
stiger	in i	Männen stiger in i bilen.
	ut ur	Männen stiger ut ur bilen.
går	förbi	Eva går förbi skyltfönstret.
	in i	Eva går in i vardagsrummet.
	ut ur	Ulla går ut ur affären.
	fram till	Eleven går fram till tavlan.

48 Avsnitt fyrtioåtta — Fyrtioåttonde avsnittet

En tågresa

Det är några dagar före påsk. Torsten och Greta Falk ska resa och hälsa på sina barn och barnbarn i Borås över helgen. De ska åka tåg, eftersom de inte har någon bil. Torsten har organiserat resan och packat resväskorna. Nu är de klara.

Tåget går om fyrtiofem minuter. Torsten och Greta tar sina väskor och går till stationen. Det är inte så långt dit. Torsten ställer sig i kö vid biljettluckan för att hämta biljetterna, som de har beställt. Det är dyrt att åka tåg, men eftersom de är pensionärer, får de 25 % rabatt.

Greta går till pressbyråkiosken och köper en veckotidning och två äpplen. Sedan går de ut på perrongen. Snart kommer tåget till Stockholm in. Torsten hjälper en ung dam med barnvagn att stiga på. De söker upp sina platser, tåget börjar rulla, och snart kommer konduktören för att kontrollera biljetterna. Han säger till dem att de måste byta i Alvesta.

Det är mycket folk på tåget nu före påskhelgen, men det blir nog ännu mer folk i morgon, när de flesta är lediga.

Greta tar fram ett äpple och sin veckotidning och börjar läsa. Torsten tittar ut genom fönstret en stund, innan han tar fram en deckare.

Några minuter senare tittar Greta upp från tidningen. Torsten har somnat med boken i knät. Greta ler ömt och tar försiktigt upp boken, som håller på att falla i golvet. Det är minsann tröttsamt att organisera tågresor!

Ordbildning
Sammansatta ord

Sammansättningen får efterledens genus

en fot + en boll = en fotboll   ett brev + en låda = en brevlåda

en ring + ett finger = ett ringfinger   ett hår + ett schampo = ett hårschampo

Obetonat -a och -e faller bort

en flicka + ett rum = ett flickrum   en pojke + ett rum = ett pojkrum

att vänta + ett rum = ett väntrum

Om förleden är sammansatt, står ett -s före efterleden.

en arm + ett band   ett armband → ett armband + en klocka = en armbandsklocka

-s står ofta före efterleden

ett kök + ett bord = ett köksbord   ett arbete + en tid = en arbetstid

en kväll + en tidning = en kvällstidning

Andra typer av sammansättning:

en gata + ett kök = ett gatukök   en vara + ett hus = ett varuhus

en olja + ett pris = ett oljepris

Dialog

Torsten Falk	Två tur och retur Borås.
Biljettexpeditören	Har ni pensionärslegitimation?
Torsten Falk	Ja, varsågod.
Biljettexpeditören	Då blir det 1 016 kronor.
Torsten Falk	Varsågod. Kan jag få en turlista också?
Biljettexpeditören	Jaha, varsågod.

49 Avsnitt fyrtionio   Fyrtionionde avsnittet

Olle söker sommarjobb

Det är i slutet av terminen, och sommarlovet närmar sig. Olle vill gärna arbeta under sommaren för att tjäna lite pengar. Erik säger till honom att han gärna kan söka arbete utanför Lund, om det inte skulle finnas något arbete där.

Olle går alltså till arbetsförmedlingen för att fråga, om det möjligen finns något lämpligt sommararbete för honom. En tjänsteman frågar Olle vad han helst vill ha för arbete. Olle tycker att det inte spelar så stor roll, för han ska ju bara arbeta en kort tid. Tjänstemannen skriver upp Olles namn och adress, och efter några dagar får Olle ett meddelande från arbetsförmedlingen. Det står där att Olle kanske kan få arbete som vårdare på ett ålderdomshem under två månader. Olle blir faktiskt mycket glad och vill gärna ta det arbetet. Eftersom han alltid har varit intresserad av människor, passar ett sådant arbete honom perfekt.

Olle arbetar sedan som vårdare under en stor del av sommarlovet, och han är mycket nöjd. Han visste inte att vårdarbetet faktiskt kunde vara så intressant. Han kommer eventuellt att fortsätta studera vid någon vårdskola, när han har slutat grundskolan.

Ord och uttryck

gärna—hellre—helst	Åke diskar **gärna** för hand, men han diskar **hellre** med diskmaskin. **Helst** låter han Eva diska.
början i mitten av slutet	Sommarlovet börjar i **början** av juni och slutar i **slutet** av augusti. Luciadagen är **i mitten av** december.

Grammatik
Placering av satsadverb

		satsadverb		
	Eva spelar	faktiskt	piano.	*huvudsats*
Åke säger att	Eva	egentligen	spelar piano.	*bisats*
	Eva vill	väl	spela piano.	*huvudsats*
Åke säger att	Eva	bara	vill spela piano.	*bisats*
	Spelar Eva	gärna, hellre, helst	piano?	*huvudsats*
Åke frågar om	Eva	alltid	spelar piano.	*bisats*
	Vill Eva	för det mesta	spela piano?	*huvudsats*
Åke frågar om	Eva	vanligen	vill spela piano.	*bisats*

Satsadverb: inte, kanske, nog, faktiskt, egentligen, väl, bara, gärna, hellre, helst, alltid, för det mesta, vanligen, ofta, sällan, aldrig

Årets tider

ett år	ett år											
två halvår	första halvåret						andra halvåret					
fyra kvartal	första kvartalet			andra kvartalet			tredje kvartalet			fjärde kvartalet		
tolv månader	januari	februari	mars	april	maj	juni	juli	augusti	september	oktober	november	december
fyra årstider	vinter		vår			sommar			höst		vinter

50 Avsnitt femtio — Femtionde avsnittet

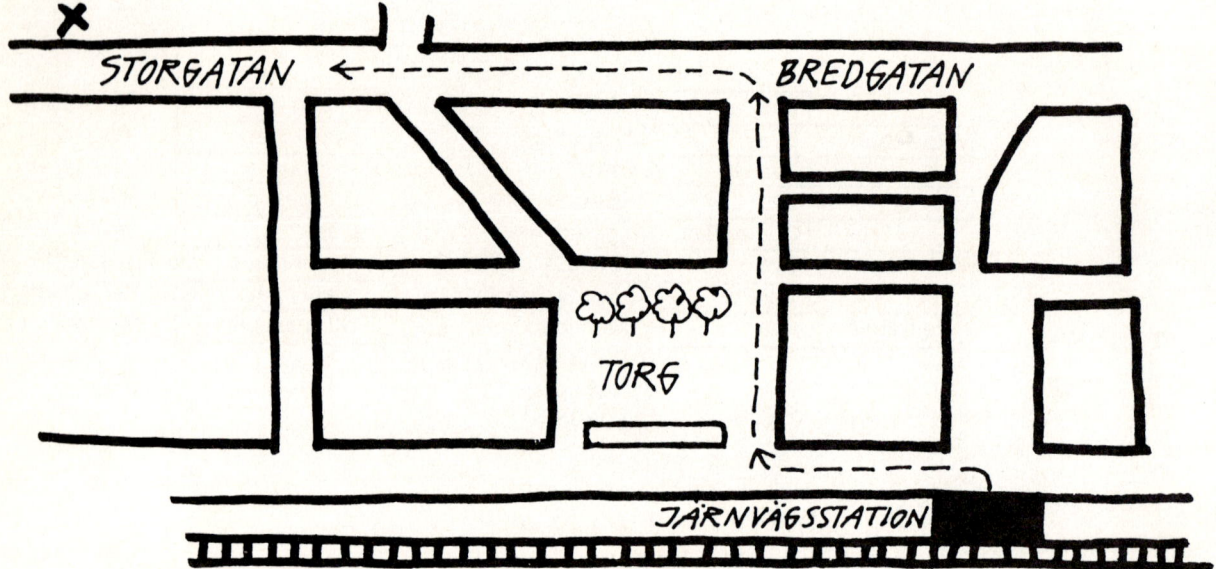

Ett telefonsamtal

Det är söndag förmiddag. Telefonen ringer hos Åke och Eva Hellström. Åke lyfter luren och svarar.

Åke — Hellström.
Sten — Är det Åke Hellström?
Åke — Ja, det är det.
Sten — Hej, Åke. Det här är Sten Olsson från Umeå. Jag hoppas att jag inte stör. Kommer du ihåg mig och min fru Anna? Vi träffades på semestern förra året.
Åke — Hejsan, Sten! Visst minns jag er. Det var längesedan! Hur har ni det nuförtiden?
Sten — Tack, bara fint. Och ni då?
Åke — Tack, bara bra.
Sten — Anna och jag är faktiskt i Lund just nu.
Åke — Nej, men så trevligt! Då måste ni komma och hälsa på oss. Ni har väl vår adress?
Sten — Ja, vi kommer gärna. Ni bor ju på Storgatan 12. Men var ligger Storgatan?

Åke   Vet du var stationen ligger?
Sten Ja, det vet jag.
Åke   Vid stationen finns en bred gata. Kör förbi stationen och rakt fram till torget och ta sedan till höger. Kör sedan tills du kommer till Bredgatan. Ta till vänster och fortsätt rakt fram på Bredgatan, så kommer du så småningom till Storgatan. Där ligger ett gult femvåningshus med en stor port och brunt tak. Det är inte så svårt att hitta.
Sten Nej, det ska nog gå bra. Då kör vi nu.
Åke   Ja, det ska bli roligt att träffas. Hej så länge!
Sten Hej, hej!

Grammatik
Deponens

Deponens är verb som slutar på **-s** i alla former:

konjugation	infinitiv	presens	imperfekt	supinum
1	hoppa**s**	hoppa**s**	hoppade**s**	hoppat**s**
	träffa**s**	träffa**s**	träffade**s**	träffat**s**
2 A	känna**s**	känn**s**	kände**s**	känt**s**
	triva**s**	triv**s**	trivde**s**	trivt**s**
	minna**s**	minn**s**	minde**s**	mint**s**
2 B	märka**s**	märk**s**	märkte**s**	märkt**s**
4	finna**s**	finn**s**	fann**s**	funnit**s**

Några verb som slutar på -s, har reciprok betydelse:

Åke träffar Sten. Sten träffar Åke.
Åke och Sten träffar **varandra**. = Åke och Sten träffas.

Några verb, som slutar på -s, kan ha objekt:

Åke minns Sten Olsson. Åke minns att han träffade Sten Olsson förra året.
Åke hoppas att Sten kommer och hälsar på.

Några verb som slutar på -s, har inget objekt:

Eva trivs i Lund.   Det märks att han är sjuk.   Hur känns det idag?

Dialog 1

En turist	Ursäkta, hur ska jag gå för att komma till universitetet?
Monika Holm	Ni ska gå Stora Södergatan rakt fram till domkyrkan. Sedan tar ni till höger och går genom Lundagård. Då kommer ni direkt till universitetet.
Turisten	Tack, det var snällt!
Monika Holm	Ingen orsak.

Dialog 2

Telefonen ringer hos Nilssons.

Göran Nilsson	12 34 56
En okänd röst	Åh, ursäkta, då har jag kommit fel.
Göran Nilsson	För all del.

Dialog 3

Telefonen ringer hos Nilssons.

Ulla Nilsson	Nilsson.
Johan Eriksson	Goddag. Mitt namn är Johan Eriksson. Ursäkta att jag ringer så här sent, men skulle jag kunna få tala med Göran Nilsson?
Ulla Nilsson	Ett ögonblick! – Göran! Det är telefon till dig!
Göran Nilsson	Jaa, jag kommer.

Dialog 4

Telefonen ringer hos Nilssons.

Ulla Nilsson	Nilsson.
Kurt Lilja	Goddag. Det är Kurt Lilja. Kan jag få tala med Einar?
Ulla Nilsson	Det finns ingen med det namnet här.
Kurt Lilja	Men är det inte 12 34 57?
Ulla Nilsson	Nej, det här är 12 34 56.
Kurt Lilja	Åh, ursäkta, då har jag kommit fel.
Ulla Nilsson	För all del.

51 Avsnitt femtioett — Femtioförsta avsnittet

Kristina och kärleken

Kristina tänker ofta på sin framtid. Hon är nu 25 år gammal, och hon skulle gärna vilja gifta sig och bilda familj. Hon har börjat tröttna på att leva som hon gör.

Hon trivs bra tillsammans med sin väninna Monika, men det känns ändå som om något saknas i livet. Ibland avundas hon Monika, när hon tänker på att Bo och Monika brukar träffas och ha det trevligt tillsammans.

Kristina går ofta på diskotek, där det finns många ungdomar i hennes ålder. Hon hoppas på att hon ska lyckas träffa någon pojke som hon kan tycka om och känna gemenskap med. Kristina umgås gärna med studenter och tycker om att diskutera med dem.

Efter dansen följer ibland någon pojke henne hem, och innan de skiljs vid porten, kommer de överens om att mötas nästa dag.

Då brukar de gå ut och promenera tillsammans, titta på någon utställning eller gå på bio. Sedan går de och äter en bit mat eller dricker en kopp kaffe någonstans. På hemvägen kan det hända att de sätter sig på en parkbänk och börjar kyssas — om det inte regnar!

Grammatik
Deponens

konju-gation	infinitiv	imperativ	presens	imperfekt	supinum
1	andas avundas fattas saknas hoppas lyckas låtsas svettas träffas vistas	andas! hoppas! låtsas! svettas! träffas! vistas!	andas avundas fattas saknas hoppas lyckas låtsas svettas träffas vistas	andades avundades fattades saknades hoppades lyckades låtsades svettades träffades vistades	andats avundats fattats saknats hoppats lyckats låtsats svettats träffats vistats
2a	födas kännas minnas skiljas trivas	 minns! skiljs! trivs!	föds känns minns skiljs trivs	föddes kändes mindes skildes trivdes	fötts känts (mints) skilts trivts
2b	hjälpas åt kräkas kyssas märkas mötas	hjälps åt! kräks! kyss varandra! möts!	hjälps åt kräks kysser varandra märks möts	hjälptes åt kräktes kysstes märktes möttes	hjälpts åt kräkts kyssts märkts mötts
3	brås		brås	bråddes	bråtts
4	finnas ses slåss umgås	 slåss! umgås!	finns ses slåss umgås	fanns sågs slogs umgicks	funnits setts slagits umgåtts

Dialog

Berit är på hemväg från skolan. Det är en regnig onsdagseftermiddag. Kjell, hennes skolkamrat och pojkvän, springer ifatt henne.

Kjell Ska du gå direkt hem?
Berit Ja, det ska jag.
Kjell Kan vi ha sällskap en bit?
Berit Ja, det kan vi väl.
Kjell Det var väldigt så många läxor vi har till i morgon!
Berit Jaa, jag vet då vad jag ska göra i kväll.
Kjell Ja, jag också. Men man kan ju inte sitta inne och läsa hela kvällen. Någon fritid måste man ju ha. Jag tror att jag ska gå till fritidsgården. Ska vi träffas där?
Berit Ja, gärna. Jag ska bara äta middag och plugga lite först. Jag kommer vid åttatiden.
Kjell Fint! Då ses vi i kväll. Hej så länge!
Berit Hej då!

52 Avsnitt femtiotvå — Femtioandra avsnittet

En inbjudan

Telefonen ringer hemma hos familjen Svensson. Birgitta lyfter luren och svarar.

Birgitta   Svensson.
Fru Björk   Hej, Birgitta! Det är Anna-Greta.
Birgitta   Nej men hej, Anna-Greta! Det var längesedan! Hur har ni det nuförtiden?
Fru Björk   Tack fint. Och ni själva då?
Birgitta   Tack, bara bra.
Fru Björk   Jo, jag ringer för att fråga om ni är lediga på lördag kväll. Min man och jag tycker att det skulle vara roligt om Erik och du och alla barnen ville komma hem till oss på lördag kväll.
Birgitta   Ja tack, det låter väldigt trevligt. Vi har inget särskilt för oss på lördag kväll, så vi kommer gärna. Hur dags ska vi komma?
Fru Björk   Vid sjutiden, om det passar er.
Birgitta   Ja, det passar utmärkt. Det ska bli roligt. Tack ska du ha!
Fru Björk   Ja, då säger vi det. Ni är välkomna på lördag kväll klockan sju. Hej så länge!
Birgitta   Hej, hej! Och tack för att du ringde.

Grammatik
Satsbyggnad: direkt och indirekt tal

 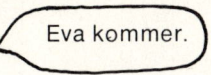

Vad gör Åke?
Åke säger att Eva kommer.

Vad gör Åke?
Åke frågar om Eva kommer.

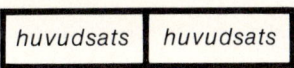

Åke säger: "Eva kommer."
Åke frågar: "Kommer Eva?"

Åke säger att Eva kommer.
Åke frågar om Eva kommer.

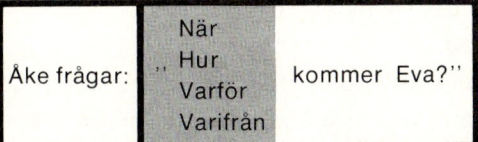 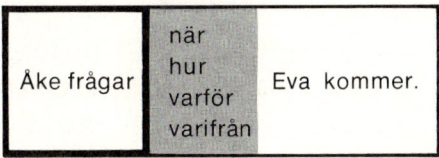

Första personen i direkt tal → *tredje personen i indirekt tal i bisats*

Åke säger: "**Jag** är ingenjör."   Åke säger att **han** är ingenjör.
Åke säger: "**Vi** har en bil."   Åke säger att **de** har en bil.

Dialog

                Fru Svensson träffar fru Björk på gatan.

Fru Svensson   Nej men hej!
Fru Björk   Hejsan!
Fru Svensson   Tack för senast! Det var verkligen mycket trevligt i lördags!
Fru Björk   Det var roligt att du tyckte det!

53 Avsnitt femtiotre — Femtiotredje avsnittet

I tvättstugan

En dag ringer det på familjen Nilssons dörr. Ulla Nilsson går och öppnar. Utanför står de nya hyresgästerna.

Milan Novak Goddag. Mitt namn är Milan Novak, och det här är min fru Maria. Vi är de nya hyresgästerna.
Ulla Goddag, goddag.
Milan Vi tänkte tvätta i tvättstugan, men vi vet inte riktigt hur man gör. Skulle ni vilja visa oss? Min fru förstår inte så mycket svenska.
Ulla Javisst, jag visar er gärna hur man tvättar. Ska vi gå ner med detsamma?
Milan Ja tack. Det skulle vara bra.

De går ner till tvättstugan i källaren.

Ulla Här har vi tvättmaskinen, och där är listan, som man skriver upp sig på, när man vill tvätta.
Milan Min fru undrar, om man måste skriva upp sig, innan man tvättar.
Ulla Ja, det måste man.
Innan ni lägger kläderna i maskinen, måste ni sortera dem i bomull, syntet och ylle. Bomull tvättar man i 60° eller 90°, syntet i 30° och ylle i 30°. Det står här på ratten. Förstår Ni?

Maria säger något till Milan.

Milan Ja, min fru säger att hon förstår.

Sedan visar Ulla hur man sätter igång tvättmaskinen, var man kan följa tvättprogrammet, vad man gör när det är slut, var man hänger upp tvätten och många andra praktiska saker. Maria frågar mycket, och Milan översätter för henne, när hon inte förstår.

Grammatik
Satsbyggnad: direkt och indirekt tal

direkt tal			
huvudsats			
Måste man skriva upp sig?			
Hur sätter man igång tvättmaskinen?			
Var hänger man tvätten?			
Vad gör man, när tvättprogrammet är slut?			

indirekt tal		
huvudsats	konjunktion	bisats
Milan vill veta	om	man måste skriva upp sig.
Maria frågar	hur	man sätter igång tvättmaskinen.
Ulla visar	var	man hänger tvätten.
Ulla berättar	vad	man gör, när tvättprogrammet är slut.

Ord och uttryck

Tvättinstruktioner

Så här tyder du tvättmärkena.

Ta med dig det här bladet hem, sätt upp det vid tvättmaskinen så har du det till hands då det behövs.

⌛	= tål endast handtvätt.
⌛	= tål ej vattentvätt. Lämna till kem!
30	= tål vattentvätt upp till 30°
60	= tål vattentvätt upp till 60°
95	= tål vattentvätt upp till 95°
⌛	= får ej strykas. Dropptorka!
⌛	= tål strykas med svagaste värme.
⌛	= tål strykas med måttlig värme.
⌛	= tål strykas med hög värme.
⌛	= tål ej blekmedel.
△	= tål klorblekmedel.
⌛	= tål ej kemtvätt.
O	= alla märken med ringar är upplysningar till kem-tvätterierna.

Dialog

Göran   Hur mycket är klockan?
Ulla   Förlåt, jag hörde inte.
Göran   Jo, jag frågade hur mycket klockan är.

54 Avsnitt femtiofyra   Femtiofjärde avsnittet

Varför?

Mats och hans mamma sitter ofta i vardagsrummet när de kommit hem. Mamma brukar läsa sagor för honom, och han kan sitta och lyssna i flera timmar.

    Mats frågar ofta sin mamma varför sagorna alltid slutar som de gör. Han vill veta och förstå allt, som händer omkring honom. Han frågar Ingrid till exempel:

Varför heter jag Mats?
Varför blir det varmt, när solen skiner?
Varför måste jag borsta tänderna?
Varför måste jag sova?
Ingrid svarar och försöker förklara:
Du heter Mats, därför att jag tycker att det är ett vackert namn.

    Solen är väldigt varm, och därför blir det också varmt, när den skiner på dig.

    När du äter, fastnar matrester mellan tänderna, och därför måste du borsta dem.

    Men nu måste du sova därför att det är kväll, och du ska stiga upp tidigt i morgon bitti.

Grammatik
Adverb — konjunktion: därför — därför att

Synonymer: därför att = eftersom = emedan

Mats måste borsta tänderna, därför att de är smutsiga.

Solen skiner. Därför är det varmt.

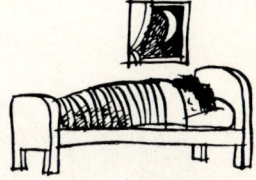
Mats måste gå och lägga sig, eftersom det är kväll.

huvudsats	adverb	huvudsats
Göran är sjuk.	**Därför**	stannar han hemma.
Åke är nygift.	**Därför**	är han lycklig.

huvudsats	konjunktion	bisats
Göran stannar hemma,	**därför att**	han är sjuk.
Åke är lycklig,	**därför att**	han är nygift.

55 Avsnitt femtiofem — Femtiofemte avsnittet

Förlovningen

Svea Lindberg träffar Birgitta Svensson i trappuppgången på väg hem från banken, där hon städar. De stannar och pratar.

Birgitta	Har du hört den stora nyheten?
Svea	Vilken nyhet?
Birgitta	Bo och Monika har förlovat sig!
Svea	Nej, vad säger du!
Birgitta	Det gick precis som du sa häromveckan! Det står i tidningen idag.
Svea	Så roligt! Ska vi göra en liten insamling i huset och köpa en vacker blombukett till dem?
Birgitta	Ja, det måste vi göra. Alla vill säkert vara med.
Svea	Jag undrar, om de har bestämt, när de ska gifta sig. Sommarbröllop är trevligast, tycker jag.
Birgitta	Det får vi väl veta så småningom.
Svea	Tänk så romantiskt! De har bott i samma hus i tre år. Jag undrar just hur det började.
Birgitta	Du får väl fråga dem! Ska vi inte gå runt och samla in pengarna meddetsamma?
Svea	Ja, det är väl lika bra. Du tar de två nedersta våningarna i huset, så tar jag de tre översta. Kom upp till mig, när du har samlat in dina pengar, så dricker vi en kopp kaffe.
Birgitta	Ja tack. Det räcker väl med tio kronor per familj, eller hur?
Svea	Ja, det blir nog lagom.

Grammatik
Tempus

	dåtid		nutid		framtid	
	då	**efter då**	*före nu*	**nu**	**sedan 1**	**sedan 2**
Tid (tempus)				Åke har en ny bil.		Åke ska köpa en ny bil nästa år.
	Åke köpte en ny bil förra året.		Åke har köpt en ny bil.	Nu har Åke en ny bil.		Åke kommer att köpa en ny bil nästa år.
				Åke köper ofta ny bil.		Åke köper en ny bil nästa år.
					När Åke har sparat 20 000:—	ska han köpa en ny bil igen.
Indirekt tal				Åke säger att han har en bil.		
			Åke har sagt			att han ska köpa en ny bil nästa år
	Åke sa i början av förra året	att han skulle köpa ny bil		Åke säger		att han ska köpa en ny bil nästa år
	Åke sa att han köpte ny bil förra året		att han har köpt en ny bil.	Åke säger		
	att han köpte ny bil förra året			Åke säger		
	imperfekt	**skulle** + *infinitiv*	*perfekt*	*presens*	*futuralt perfekt*	*futurum*

56 Avsnitt femtiosex   Femtiosjätte avsnittet

Influensa

Det var en helt vanlig fredagseftermiddag på Malmö Bilmekaniska Verkstad. Erik Svensson, som arbetade där som bilmekaniker, hade känt sig dålig hela dagen. Ibland frös han och ibland svettades han, och han hade ont i huvudet. När han avslutat arbetet på en bil, träffade han sin arbetskamrat Sven.

Sven Vad du ser konstig ut! Hur är det fatt?
Erik Jag känner mig inte riktigt bra.
Sven Vad är det med dig? Har du ont någonstans?
Erik Ja, jag har ont i huvudet, och jag fryser och svettas om vartannat. Jag tror att jag håller på att bli sjuk.
Sven Din stackare! Du har då otur, som blir sjuk till veckoslutet. Har du huvudvärkstabletter?
Erik Nej, det har jag inte. Jag brukar aldrig äta medicin och tabletter. Men jag ska gå in på apoteket på hemvägen och köpa en ask magnecyl.
Sven Orkar du det då? Jag menar, kan du ta dig hem själv? Du ser ju väldigt dålig ut. Jag kör dig gärna hem.
Erik Nej tack, du, så farligt är det inte. Jag klarar mig nog själv. Men tack i alla fall för erbjudandet.

På hemvägen köpte Erik huvudvärkstabletter, hostmedicin och vitaminpreparat. När han kom hem, hade han 39 graders feber. Han gick och lade sig, men han blev sämre på kvällen. Eftersom det är mycket svårt att få hem en läkare, körde Birgitta honom till jourläkarcentralen. Där fick han vänta en stund, innan han kom in till jourhavande läkaren. Läkaren undersökte honom och konstaterade att han hade fått influensa. Doktorn sjukskrev Erik i tio dagar och skrev ut ett recept på medicin. När Erik kom hem, somnade han genast och sov sedan i tolv timmar.

Grammatik
Dåtid : pluskvamperfekt — imperfekt

Klockan fem   Klockan sex   Klockan sju   Klockan åtta
Eva kom hem.   Hon lagade mat.   Hon åt middag.   Hon diskade.

När Eva **hade kommit** hem, lagade hon mat.   När Eva **hade ätit** middag, diskade hon.

Eva lagade mat, när hon **hade kommit** hem.   Eva diskade, när hon **hade ätit** middag.

dåtid
    före "då"   "då"   "då"   före "då"

När Åke hade sparat 50 000:—, köpte han en ny bil.   Åke sa igår, att han hade köpt ny bil.

Dialog

Åke Hellström mår inte riktigt bra. Han känner att han måste gå till en läkare. Han letar upp telefonnumret till jourhavande distriktsläkare i telefonkatalogen och ringer dit.

Syster Ann-Mari   Jourläkarmottagningen, syster Ann-Mari.
Åke Hellström   Godmiddag. Mitt namn är Åke Hellström.
Syster Ann-Mari   Godmiddag.
Åke Hellström   Jo, det är så att jag har feber och ont i halsen och huvudvärk. Jag mår inte alls bra.
Syster Ann-Mari   Har ni hög feber?
Åke Hellström   Ja, 39,2.
Syster Ann-Mari   Då är det bäst att ni kommer hit, så att doktorn får titta på er.
Åke Hellström   Ja tack, det var bra.
Syster Ann-Mari   Kan ni komma klockan 16.30?
Åke Hellström   Ja, det går bra. ▶

Syster Ann-Mari	Och hur var namnet?
Åke Hellström	Åke Hellström.
Syster Ann-Mari	Adress och telefonnummer?
Åke Hellström	Storgatan 12, telefonnummer 11 77 20.
Syster Ann-Mari	Och personnummer?
Åke Hellström	481117-2115.
Syster Ann-Mari	Ja, tack. Då är ni välkommen klockan halv fem.
Åke Hellström	Tack, adjö.

Åke Hellströms personnummer är 481117-2115

ojämn siffra

48 11 17   **2 1 1 5**

de två sista siffrorna i födelseåret | siffrorna för månaden | siffrorna för dagen

siffrorna för län | kön | kontrollsiffra

födelsedatum | födelsenummer

Åke är född den 17 november 1948

Åke är född i Östergötlands län (de tre första siffrorna). Han är man. (Tredje siffran är ojämn. Kvinnor får jämna siffror: 0, 2, 4, 6, 8).

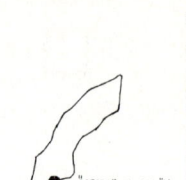
ÖSTERGÖTLANDS LÄN

								40 − 35 = 5
8 +	8 +	2 +	1 +	2 +	7 +	4 +	1 +	2 = 35
=	=	=	=	=	=	=	=	=
2	1	2	1	2	1	2	1	2
×	×	×	×	×	×	×	×	×
4	8	1	1	1	7	2	1	1

Dialog

Ulla Nilsson	Hej, Birgitta!
Birgitta Svensson	Hej, hej. Hur är det?
Ulla Nilsson	Tack, bara fint. Och du själv då?
Birgitta Svensson	Tack, jag mår bara bra. Men Erik har influensa.
Ulla Nilsson	Så synd då!
Birgitta Svensson	Ja, men han är redan på bättringsvägen.
Ulla Nilsson	Det var ju skönt. Hälsa honom så gott!
Birgitta Svensson	Tack, det ska jag göra.
Ulla Nilsson	Ja, hej då!
Birgitta Svensson	Hej, hej!

57 Avsnitt femtiosju — Femtiosjunde avsnittet

Framtidsplaner

Berit Nilsson är sjutton år och går i gymnasieskolans andra årskurs på den treåriga humanistiska linjen. När Berit har slutat gymnasieskolan, ska hon söka in på högskolan. Hon vill bli lärare i grundskolan, och hon tänker läsa svenska, historia och engelska. När Berit har avslutat sina studier vid högskolan, ska hon studera ett år vid lärarhögskolan, innan hon blir färdig lärare.

Berits lillebror Kalle går i årskurs 8 på grundskolans högstadium. När Kalle har slutat nionde klassen, tänker han söka in på gymnasieskolans fordonstekniska linje. Kalle vill bli bilmekaniker eller montör, som det också heter. När han har avslutat de två åren, vill han börja arbeta på en bilverkstad. Han kommer kanske att arbeta på samma verkstad som Erik Svensson, vem vet?

Grammatik
Futurum

vilja	Vad **ska** du göra i morgon?	Jag **ska** arbeta i morgon.
avsikt	Vad **tänker** du göra på semestern?	Jag **tänker** resa utomlands, om jag får råd.
program	När **kommer** höstterminen **att** sluta?	Höstterminen **kommer att** sluta den 21 december.
två tider	Vad **ska** du göra, **när** du har ätit?	Jag **ska** titta på tv, **när** jag har ätit.

58 Avsnitt femtioåtta   Femtiåttonde avsnittet

Hissen har stannat

Kristina har varit ute och handlat till en fest, som hon och Monika ska ha för sina vänner. Kristina har fyra tunga kassar med mat och vin. Hon har svårt att få upp ytterdörren, men till slut lyckas hon komma in i trappuppgången med alla sina kassar. Hon ställer ner de tunga kassarna på golvet framför hissdörren och vilar sig, medan hon väntar på hissen. När den kommer, ställer hon kassarna på hissgolvet, stänger dörren och trycker på knappen till tredje våningen.

Hissen börjar gå uppåt, och Kristina öppnar sin väska för att ta fram nyckeln till lägenheten. Då stannar hissen plötsligt mellan andra och tredje våningen. Kristina trycker på alarmknappen, men ingenting händer. Hon trycker en gång till utan att någon hör det. Kristina känner att hon börjar bli nervös och orolig. Hon börjar skrika: "Hjälp, hjälp, hissen har fastnat!"

Men inte förrän efter en halvtimme hör Kristina äntligen någon, som går till hissdörren och nu står framför den på tredje våningen.

"Hjälp! Hissen står stilla, och jag kan inte komma ut!" ropar Kristina igen.

Det är Torsten Falk, som just har stannat vid hissdörren. Han talar lugnande till Kristina och går sedan in i sin lägenhet för att ringa efter en hissmontör, som kommer efter en stund. Han lagar hissen och släpper äntligen ut stackars Kristina.

Grammatik
Rumsadverb

  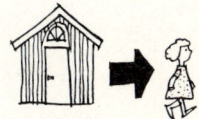

Eva är **hemma**.	Eva går **hem**.	Eva går **hemifrån**.
befintlighet	*riktning*	*ursprung*
hemma	hem	hemifrån
här	hit	härifrån
där	dit	därifrån
ute	ut, utåt	utifrån
utanpå, utanför	—	—
inne	in, inåt	inifrån
inuti, innanför	—	—
uppe	upp, uppåt	uppifrån
nere	ner = ned = nedåt	nerifrån
borta	bort	bortifrån
nära	nära	nära ifrån
framme	fram, framåt	framifrån
	framlänges baklänges	

Ord och uttryck
Stå, stanna, ställa

> stå: Åke **står** på golvet. Bilen **står** på gatan. Det **står** i tidningen.
> stanna: Bussen **stannar** vid hållplatsen. Tåget **stannar** i Lund.
> Eva **stannar hemma**.
> ställa: Kristina **ställer** kassarna på golvet. Åke **ställer** bilen på gatan.
> Barnen **ställer sig upp** för att se bättre.

59 Avsnitt femtionio — Femtionionde avsnittet

Berits månadspeng

Berit Nilsson får ungefär 4 000 kronor i studiebidrag per termin. Hon arbetar i en blomsteraffär på alla lov för att tjäna lite extra. Alla hennes pengar går till resor, kläder, grammofonskivor och nöjen. Hon får också 400 kronor i månaden av sin far.

En kväll ber hon honom om högre månadspeng, för hon tycker att hennes pengar inte räcker långt.

Göran Högre månadspeng! Vad menar du? Du får ju redan 400 kronor i månaden. Tror du att jag är gjord av pengar?
Berit Ja men alla andra får minst 500 kronor i månaden. Du vet inte hur dyrt det är att gå på diskotek.
Göran Nej, det vet jag kanske inte. Men vad jag vet är att jag inte kan ge dig mera pengar. De andra i familjen måste också ha något att leva av. Menar du verkligen att alla andra får minst 500 kronor i månaden?
Berit Ja, mina klasskamrater Eva och Peter får det i alla fall.
Göran Kan det verkligen vara möjligt?

Ulla har suttit tyst och lyssnat på samtalet. Nu vänder Göran sig till henne.

Göran Ulla, vad säger du?
Ulla Nja, jag vet inte vad jag ska säga. Allting har ju blivit dyrare. Men 500 kronor i månaden är mycket pengar. Det blir 6 000 kronor om året, bara i fickpengar.
Göran 6 000 kronor. Det betyder i verkligheten mer än 10 000 kronor före skatt, och det är nästan en månadslön för mig.
Ulla Ja, det är sant. Men jag vet hur mycket det betyder för ungdomen nuförtiden att kunna göra som alla andra.
Göran Okej, vi gör en kompromiss. Du får 450 kronor i månaden, men då måste du städa köket och diska varje lördag, så att mamma får lite ledigt någon gång. Är vi överens om det?
Berit Ja, det blir bra, tycker jag.

Ord och uttryck

Kunna, veta, betyda, heta, mena

kunna	Bo **kan** tala engelska. Berit **kan** dansa bra. Göran **kan** köra bil.
veta	Ulla **vet** hur dyrt allting är. Åke **vet** inte, när Eva kommer.
betyda	Familjen **betyder** mycket för Erik. Det engelska ordet "car" **betyder** bil.
heta	Det svenska ordet "bil" **heter** "car" på engelska. Flickan **heter** Anna.
mena	Vad **menar** du med det! (=Varför gör du så?) **Menar** (=tror) du verkligen att det är sant?

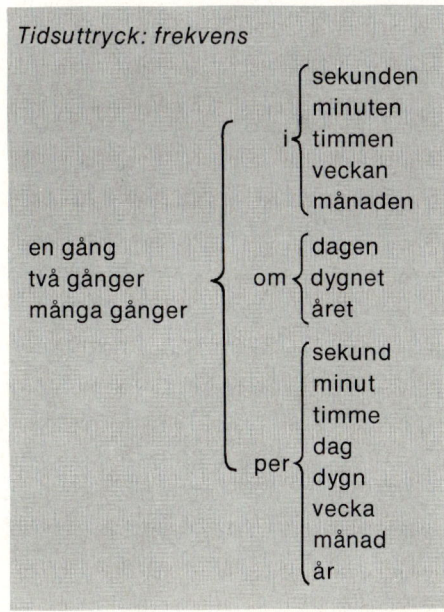

Hur ofta badar du?
Jag badar en gång i veckan.

60 Avsnitt sextio — Sextionde avsnittet

Ett flygande par

Sven Berg och Lena Nyman är inte gifta utan sammanbor i en trea på nedre botten på Storgatan 12. Båda är anställda vid det stora skandinaviska flygbolaget SAS. Sven är trafikflygare eller pilot och flyger stora plan till alla delar av världen.

Lena är flygvärdinna och hjälper passagerarna på flygresor. Båda har oregelbundna arbetstider och måste då och då arbeta på nätter och helgdagar. De tjänstgör inte på samma flygplan, utan ofta är Lena ledig, medan Sven arbetar, och tvärtom. Ibland kommer Sven hem, just när Lena ska gå, så att de bara hinner säga "Hej!" till varandra.

Men ibland har de tur och flyger med samma plan till någon trevlig semesterort i ett främmande land. Då kan de stanna där tillsammans någon eller några dagar i strålande väder, just när dagarna är som mörkast och kallast hemma i Sverige.

Lena och Sven har var sin bil, eftersom de måste kunna ta sig till flygplatsen Sturup, som ligger två mil utanför Lund, vid alla tider på dygnet. Sven har en stor Mercedes, medan Lena försöker hålla bensinkostnaderna nere genom att köra en liten bil.

Både Sven och Lena tycker att de har ett ansträngande och stressande men också omväxlande arbete. Varken Sven eller Lena skulle vilja byta arbete. De stortrivs med det, och de trivs också med att leva tillsammans utan att vara gifta.

Grammatik
Presens particip

Presens particip är ett verbaladjektiv, som anger en aktiv handling.

verb på -a: + **-nde**
verb på annan vokal: + **-ende**

infinitiv	presens particip	
1 arbeta	arbeta**nde**	En arbetande man är en man, som arbetar.
2 leka	leka**nde**	Ett lekande barn är ett barn, som leker.
3 bo	bo**ende**	En inneboende student är en student, som bor hos en familj.
4 sova	sova**nde**	En sovande katt är en katt, som sover.
gå	gå**ende**	En gående är en person, som går till fots i trafiken.

Presens particip är ett oböjligt verbaladjektiv:

en		man
ett	arbet**ande**	barn
många		kvinnor

Presens particip förekommer ofta efter **komma:**

Eva kommer / Eva kom — cyklande, gående, promenerande, springande, körande, sjungande, gråtande, skrattande — på gatan.

 OBSERVERA!

		presens particip
att ha	= hava	havande
att bli	= bliva	blivande

En *havande* (= gravid) kvinna är en *blivande* mor.

 OBSERVERA!

En motor, som går tyst, är en **tystgående** motor.
Ett land, som exporterar vin, är ett **vinexporterande** land.
En läkare, som har jour, är en **jourhavande** läkare.
En bil, som är bakom, är en **bakomvarande** bil.
Ett djur, som äter kött, är ett **köttätande** djur.

61 Avsnitt sextioett — Sextioförsta avsnittet

Nya kläder

Det är en höstkväll i mitten av oktober. Familjen Nilsson sitter och äter middag i köket. Det regnar och blåser ute, men inne i köket är lampan tänd, och det är varmt och skönt. De pratar om vädret och skolan och att det bara är två månader kvar till jul.

Ulla	Ja, det märks verkligen att det är höst. Vi behöver förresten köpa lite nya kläder.
Barnen	Toppen, mamma!
Göran	Måste vi verkligen det?
Ulla	Ja, absolut! Barnen växer och sliter ut sina kläder, och du har blivit lite rundare om magen, lilla gubben!
Göran	Kan vi inte vänta till framåt jul? Genom att vi gör det, löser vi julklappsproblemet på samma gång.
Kalle	Nej, så dumt! Jag vill ha ett par nya jeans nu, sådana som Nisse har.
Göran	Du behöver väl inte ha det allra senaste modet. Det växlar ju så snabbt.
Berit	Jag måste ha en ny jacka. Jag fryser så på morgnarna!
Kalle	Och jag vill ha . . .

Göran "Måste ha!", "Vill ha!" — Vad är det för språk? "Jag skulle vilja ha!", heter det.
Berit Ja, ja, pappa, men jag måste faktiskt ha en ny jacka. Vill du att jag ska frysa på morgnarna?
Ulla Nu ska ni inte bråka! Barnbidraget kommer om några dagar, och då går jag ut och tittar lite i affärerna.

Grammatik
Satsbyggnad: genom att — utan att

genom att och **utan att** är konjunktioner och inleder en bisats.

Bo har lärt sig engelska | **genom att** han har bott i England. | (bisats)

Kristina har lärt sig franska | **utan att** hon har varit i Frankrike. | (bisats)

genom och **utan** är prepositioner och står före infinitiv eller substantiv.

Bo har lärt sig engelska **genom** | att bo i England / resor till England.

Kristina har lärt sig franska **utan** | att bo i Frankrike / några svårigheter.

Demonstrativa pronomen

svagare betonat	den (bilen)	det (huset)	de (bilarna)
starkare betonat	den här / den där (bilen)	det här / det där (huset)	de här / de där (bilarna)
skriftspråk	denna (bil)	detta (hus)	dessa (bilar)

Ord och uttryck

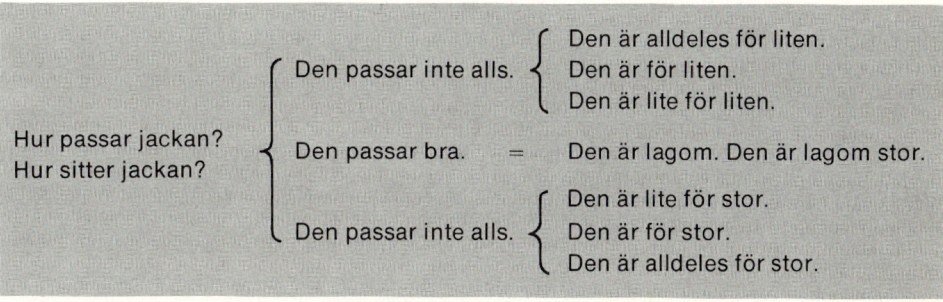

Hur passar jackan? / Hur sitter jackan?
- Den passar inte alls.
  - Den är alldeles för liten.
  - Den är för liten.
  - Den är lite för liten.
- Den passar bra. = Den är lagom. Den är lagom stor.
- Den passar inte alls.
  - Den är lite för stor.
  - Den är för stor.
  - Den är alldeles för stor.

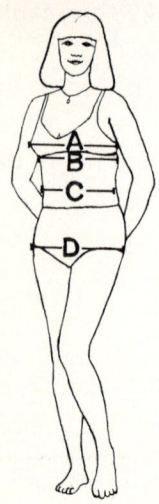 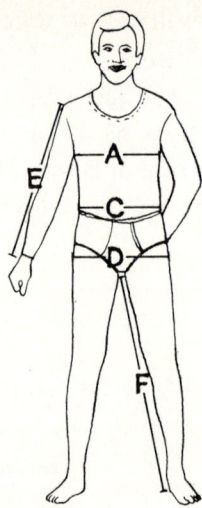 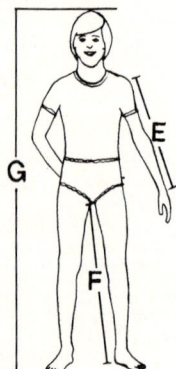 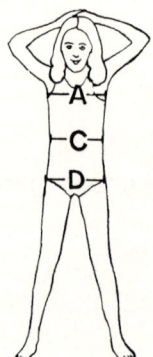

A	Bystmått	A	Bröstvidd	E	Ärmlängd	A	Bröstvidd
B	Mått under bysten	C	Livvidd	F	Innersöm	C	Livvidd
C	Midjevidd	D	Stussvidd	G	Centilong	D	Stussvidd
D	Stussvidd	E	Ärmlängd				
		F	Innersöm				

SKOMÅTT

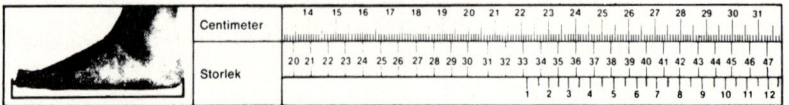

Dialog

Ulla och Berit har gått till ett varuhus för att köpa en jacka. De står på avdelningen för damkonfektion, men Berit har svårt att hitta något, som passar henne.

Ulla Där hänger en trevlig, brun jacka. Vad tycker du om den?
Berit Är den inte lite för stor? Och så tycker jag att färgen är lite för mörk.
Ulla Titta på de jackorna då! Är de inte snygga?
Berit Jo för all del. Men de verkar lite för små för mig.
Ulla Men den här blåa jackan då! Den färgen klär dig bra.
Berit Ja, den ser trevlig ut, och storleken verkar också bra.
Ulla Ta och prova den, så får vi se hur den sitter.

Berit provar jackan, och den passar perfekt. Efter en stund lämnar de varuhuset nöjda och belåtna men några hundralappar fattigare.

62 Avsnitt sextiotvå — Sextioandra avsnittet

En tjänsteresa

Åke har rest till Stockholm på tjänsteresa. Det är en stad, dit han ofta brukar resa, eftersom han har många affärskontakter där. Åke åker tåg från Lund till huvudstaden, och när han kommer dit efter en resa på drygt sex timmar, tar han taxi till det hotell, där hans företag har beställt rum åt honom.

Åke betalar taxin och ger taxichauffören några kronor i dricks. Han stiger ur bilen och går in på hotellet. Han går fram till receptionen, där han säger sitt namn och får en nyckel till ett enkelrum. Det ligger på femte våningen, dit han tar hissen.

Åke har fått ett stort, lyxigt rum med bad och en underbar utsikt över Mälaren, den stora sjö, vid vilken Stockholm ligger. Han duschar snabbt och ringer sedan några affärssamtal.

Senare på eftermiddagen lämnar Åke sitt hotell och tar en långsam promenad genom Stockholms centrum. Han tycker att det är roligt att vara i en storstad och att gå omkring och titta i skyltfönstren. Han går in på något av de stora varuhusen eller i några av de eleganta affärerna för att göra ett fynd. Längs Kungsgatan kommer han fram till Hötorget vid Konserthuset, där man säljer alla slags grönsaker i stånden. Åke fortsätter förbi Kulturhuset vid Sergels torg och kommer ned till Strömbron, nere vid Mälaren. Det börjar mörkna, när han går förbi slottet, där kungaparet tidigare bodde, och kommer fram till Gamla Stan. Här finns många pittoreska hus och trevliga små restauranger. Åke går in på en av dem för att äta middag. Han skulle gärna vilja gå på nattklubb efteråt, men han tänker på sin fru hemma i Lund och tar en taxi hem till hotellet i stället.

Grammatik
var—vart, här—hit, där—dit

	befintlighet	riktning
frågande adverb	**Var** bor Eva? Åke frågar **var** Eva bor. *bisats*	**Vart** går Eva? Åke frågar **vart** Eva går. *bisats*
relativa adverb	Lund är en stad, **där** Eva bor. *bisats*	Lund är en stad, **dit** studenter kommer. *bisats*
rumsadverb	Eva bor **här**. Bilen står **här**.	Eva kommer **hit**. Åke kör **dit**.

Determinativa pronomen: den, det, de   Efter determinativa pronomen har substantivet obestämd form.
Åke sätter sig i **den taxi** som ska köra honom till hotellet.
Åke bor på **det hotell** där han har beställt rum.
Åke bär upp **de väskor** som är hans.

Dialog 1

Eva följer Åke till stationen.

Eva	Trevlig resa!
Åke	Ha det så bra, medan jag är borta!

Dialog 2

Åke Hellström kommer fram till hotellet i Stockholm.

Åke Hellström	Goddag. Mitt namn är Åke Hellström. Det skulle finnas ett rum reserverat för mig.
Portieren	Jaha, ett ögonblick. Ja, det stämmer det. Här har vi det. Åke Hellström, Firma Industrimaskiner i Lund.
Åke Hellström	Ja, just det.
Portieren	Det blir rum nummer 56. Ett enkelrum med bad på femte våningen. Här är nyckeln, varsågod.
Åke Hellström	Tack, tack.

63 Avsnitt sextiotre — Sextiotredje avsnittet

Semester

Kristina Sandberg och Monika Holm bor i samma lägenhet och arbetar på samma kontor, men de har olika intressen. Kristina ska åka till fjällen på skidsemester i morgon, och Monika ska åka till Tunisien på badsemester. De har köpt nya resväskor på rea. Resväskorna är likadana, men de packar ner olika saker i dem.

Kristina packar ner en tjock jacka, ett par varma byxor, varma underkläder, två tjocka tröjor, en stickad mössa, ett par yllevantar, en frostsalva, ett par skidglasögon, en tjock pyjamas och många andra saker.

Monika däremot packar bland annat ner en tunn kofta, ett par skor, tunna underkläder, två baddräkter, en solhatt, en solkräm, ett par solglasögon och ett tunt nattlinne.

De båda flickorna lägger sig tidigt på kvällen för att vakna pigga på resdagens morgon. Men de glömmer att ställa väckarklockan på ringning och vaknar mycket sent nästa morgon. De klär snabbt på sig, tar var sin resväska och rusar iväg.

De hinner precis med tåget till Jämtland och flyget till Tunisien. När de kommer fram, öppnar de de tunga resväskorna för att packa upp. Men då upptäcker de att Kristina har tagit Monikas väska, och Monika har tagit Kristinas!

I Monikas väska finns ingen tjock jacka, inga varma skidbyxor och ingen tjock pyjamas.

I Kristinas väska finns ingen solhatt, inget tunt nattlinne och inga baddräkter!

Vad i all världen ska de göra nu?

Grammatik
Ingen, inget, inga

ingen, inget, inga *står i huvudsats med ett verb i:*

Erik har	**ingen** inte någon	cykel.
	inget inte något	hus.
	inga inte några	pengar.

I andra fall står **inte någon, inte något, inte några**:

Birgitta säger	att Erik	**inte**	har	**någon**	cykel.
				något	hus.
				några	pengar.

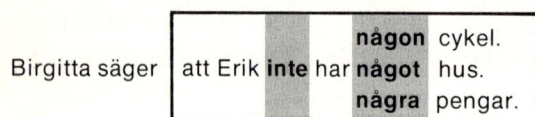

bisats

Erik vill **inte** skaffa **någon** cykel.
Erik har **inte** köpt **något** hus.
Erik brukar **inte** ha **några** pengar.

huvudsats med flera verb

Erik tar **inte** fram **någon** cykel.
Erik målar **inte** om **något** hus.
Erik sätter **inte** in **några** pengar på banken.

huvudsats med sammansatta verb

Ord och uttryck

Likhet och olikhet	
samma (... som)	Kristina bor i **samma** lägenhet **som** Monika Kristina och Monika arbetar på **samma** kontor.
likadan likadant (... som) likadana	Kristina har en **likadan** väska **som** Monika. Kristinas och Monikas väskor är **likadana**.
likadant = på samma sätt som	Torsten gör **likadant** som Greta.
lik vara likt = likna lika	Barnen är **lika** föräldrarna. Barnen och föräldrarna **liknar** varandra.
olik olikt olika	Kristina och Monika har **olika** intressen.
komparativ + än	Kristina är **äldre än** Monika.
inte lika (... som)	Kristina är **inte lika** gammal **som** Monika.

Dialog

Svea   Ha det så trevligt på semestern!
Monika Tack ska du ha!
Svea   Du kan väl skicka ett kort?
Monika Ja, det ska jag göra.

64 Avsnitt sextiofyra — Sextiofjärde avsnittet

Mycket att tänka på

Svea Lindberg ska åka och hälsa på en gammal vän över lördag och söndag. Hon har packat sin väska och klätt om sig, och nu sitter hon vid köksbordet och dricker en kopp kaffe, innan hon ska ge sig iväg.

Svea är alltid lite nervös, innan hon ska resa någonstans. För säkert hundrade gången går hon i tankarna igenom att allt är klart.

Väskan är packad och biljetten är köpt. Blommorna är vattnade och spisen avstängd. Strykjärnssladden är utdragen och kranarna stängda. Ljuset är släckt överallt. Hon har inte heller glömt att packa ner en present till sin goda vän Emma. "Det ska bli trevligt att träffa henne", tänker Svea. "Hon kan behöva få lite sällskap, stackaren, efter att ha legat på sjukhus i två veckor och varit sjukskriven i en månad. Det var synd att jag inte kunde hälsa på henne, medan hon låg inlagd på sjukhuset. Men nu ska det verkligen bli roligt att träffas igen", tänker Svea, medan hon tar sin väska och reser sig upp från stolen.

Grammatik
Perfekt particip

Perfekt particip är ett verbaladjektiv, som anger ett resultat eller en egenskap.

	perfekt particip	perfekt	perfekt particip	perfekt particip
1	lagad lagat lagade	Han har lagat stolen. Han har lagat bordet. Han har lagat stolarna.	Stolen är lagad. Bordet är lagat. Stolarna är lagade.	Det är en lagad stol. Det är ett lagat bord. Det är lagade stolar.
2A	stängd stängt stängda	Han har stängt dörren. Han har stängt fönstret. Han har stängt dörrarna.	Dörren är stängd. Fönstret är stängt. Dörrarna är stängda.	Det är en stängd dörr. Det är ett stängt fönster. Det är stängda dörrar.
2B	köpt köpt köpta	Han har köpt bilen. Han har köpt huset. Han har köpt bilarna.	Bilen är köpt. Huset är köpt. Bilarna är köpta.	Det är en köpt bil. Det är ett köpt hus. Det är köpta bilar.
3	sydd sytt sydda	Hon har sytt klänningen. Hon har sytt skärpet. Hon har sytt kläderna.	Klänningen är sydd. Skärpet är sytt. Kläderna är sydda.	Det är en sydd klänning. Det är ett sytt skärp. Det är sydda kläder.
4	skriven skrivet skrivna	Han har skrivit boken. Han har skrivit brevet. Han har skrivit böckerna.	Boken är skriven. Brevet är skrivet. Böckerna är skrivna.	Det är en skriven bok. Det är ett skrivet brev. Det är skrivna böcker.
4	sedd sett sedda	Han har sett filmen. Han har sett programmet. Han har sett filmerna.	Filmen är sedd. Programmet är sett. Filmerna är sedda.	Det är en ofta sedd film. Det är ett ofta sett program. Det är ofta sedda filmer.
4	gjord gjort gjorda	Han har gjort stolen. Han har gjort arbetet. Han har gjort stolarna.	Stolen är gjord. Arbetet är gjort. Stolarna är gjorda.	Det är en gjord stol. Det är ett gjort arbete. Det är gjorda stolar.

Ord och uttryck

Svea reser till sin väninna Emma.

Svea reser sig upp från stolen.

65 Avsnitt sextiofem   Sextiofemte avsnittet

Ulla Nilssons städdag

Det är fredag, och det är Ulla Nilssons städdag. Hon har städat hela våningen och kommer till sist in i Kalles rum. Där stannar hon vid dörren och tittar förskräckt in i hans rum.

En obäddad säng står vid fönstret och den nerdragna rullgardinen. Ett par smutsiga byxor ligger kastade i en hög på golvet tillsammans med en ostruken, skrynklig skjorta och några trasiga strumpor. På Kalles skrivbord ligger en avbruten penna och ett halvätet äpple, och det står två halvt urdruckna mjölkglas på bordet. Under sängen ligger en hög utlästa tidningar och ett par fotbollsskor, nersmutsade av lera.

När Ulla går in i rummet, håller hon på att trampa på några kringströdda grammofonskivor. Ljuset är fortfarande tänt, gardinerna fördragna och radion står påsatt.

"Nej minsann", tänker Ulla för sig själv, går ut ur rummet och slänger igen dörren med en smäll. "Här får han städa själv!"

Grammatik
Perfekt particip av sammansatta verb

	infinitiv	perfekt particip		
1	smutsa ner	nersmutsa**d** nersmutsa**t** nersmutsa**de**	Han har smutsat ner skjortan. Han har smutsat ner rummet. Han har smutsat ner skorna.	Skjortan är nersmutsa**d**. Rummet är nersmutsa**t**. Skorna är nersmutsa**de**.
2A	stänga av	avstäng**d** avstäng**t** avstäng**da**	Han har stängt av TV:n. Han har stängt av kylskåpet. Han har stängt av apparaterna.	TV:n är avstäng**d**. Kylskåpet är avstäng**t**. Apparaterna är avstäng**da**.
2B	läsa ut	utläs**t** utläs**t** utläs**ta**	Han har läst ut boken. Han har läst ut brevet. Han har läst ut böckerna.	Boken är utläs**t**. Brevet är utläs**t**. Böckerna är utläs**ta**.
3	sy fast	fastsy**dd** fastsy**tt** fastsy**dda**	Hon har sytt fast knappen. Hon har sytt fast skärpet. Hon har sytt fast knapparna.	Knappen är fastsy**dd**. Skärpet är fastsy**tt**. Knapparna är fastsy**dda**.
4	dricka ur	urdruck**en** urdruck**et** urdruck**na**	Han har druckit ur mjölken. Han har druckit ur glaset. Han har druckit ur glasen.	Mjölken är urdruck**en**. Glaset är urdruck**et**. Glasen är urdruck**na**.
	sätta på	påsa**tt** påsa**tt** påsa**tta**	Han har satt på TV:n. Han har satt på kylskåpet. Han har satt på apparaterna.	TV:n är påsa**tt**. Kylskåpet är påsa**tt**. Apparaterna är påsa**tta**.

66 Avsnitt sextiosex — Sextiosjätte avsnittet

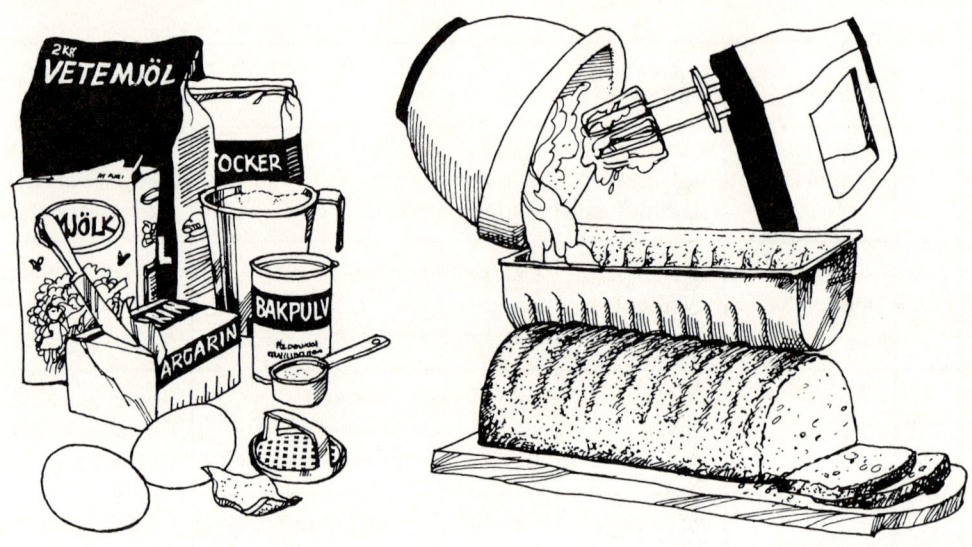

Birgitta bakar

En dag i veckan brukar Birgitta Svensson baka. Då bakar hon både bröd och kakor. Det blir mycket billigare än att köpa dem. Hela familjen tycker om att äta sötsaker och småkakor. Till kaffet brukar Erik och Birgitta äta sockerkaka. Birgitta har flera olika kokböcker, som står på hyllan i köket med massor av recept. Här är det recept som hon brukar baka sina sockerkakor efter.

INGREDIENSER
2 ägg
2 dl socker
2 1/2 dl vetemjöl
2 tsk bakpulver
1 dl mjölk
50 g margarin
1 tsk rivet citronskal

Ägg och socker vispas kraftigt, helst med elektrisk visp. En citron rivs på ett rivjärn, och det rivna citronskalet blandas i.

Vetemjölet blandas med bakpulver och hälls i mjölken. Margarinet smälts i en kastrull och hälls i smeten. Smeten blandas försiktigt. En form smörjs och bröas.

Smeten hälls sedan i formen. Låt kakan stå i ugnen och gräddas i 40 minuter med en temperatur på 175 grader.

Lite florsocker strös på den färdiga kakan.

Grammatik
Passiv

	infinitiv	presens	imperfekt	supinum	futurum
1	vispa vispas	vispar vispas	vispade vispades	vispat vispats	ska vispa ska vispas
2A	hälla hällas	häller häll(e)s	hällde hälldes	hällt hällts	ska hälla ska hällas
2B	steka stekas	steker stek(e)s	stekte stektes	stekt stekts	ska steka ska stekas
3	strö strös	strör strös	strödde ströddes	strött strötts	ska strö ska strös
4	smörja smörjas	smörjer smörj(e)s	smorde smordes	smort smorts	ska smörja ska smörjas
	+ -s	-r ➔ -s	+ -s	+ s	+ s

aktiv: Birgitta bakar kakan.
passiv: Kakan bakas av Birgitta.
                      agent

Man talar svenska i Sverige.
Svenska talas i Sverige.

67 Avsnitt sextiosju   Sextiosjunde avsnittet

En sommarstuga

Familjen Svensson har en sommarstuga i Småland. Det är ett litet hus, som är drygt 100 år gammalt. Stugan har elektricitet men ingen toalett inomhus. Den finns i ett litet rött hus på gården.

Birgitta har ärvt stugan av sina småländska släktingar. Det kostar visserligen ganska mycket att ha sommarstuga, men familjen Svensson vill ändå ha den kvar.

Stugan ligger inne i skogen vid en sjö. Huset är visserligen ganska litet, det har bara två rum och kök, men det räcker i alla fall till för familjens behov. Tomten däremot, som är på knappt 6 000 kvadratmeter, är mycket stor.

Familjen har en roddbåt vid stranden. Erik och Olle tycker om att ro ut på sjön och fiska. Det finns nämligen ganska mycket fisk i sjön, och i augusti brukar de fånga kräftor där.

Anna och Karin tycker om att simma och bada i sjön, där vattnet blir ganska varmt på sommaren, omkring 22 grader.

I trädgården finns det fruktträd, som ger äpplen, päron och körsbär. Birgitta har en köksträdgård med potatis och grönsaker. Hon älskar att pyssla i trädgården, medan Erik gärna målar, snickrar och reparerar huset.

Den lilla stugan i Småland är familjen Svenssons paradis.

Grammatik
Formellt subjekt

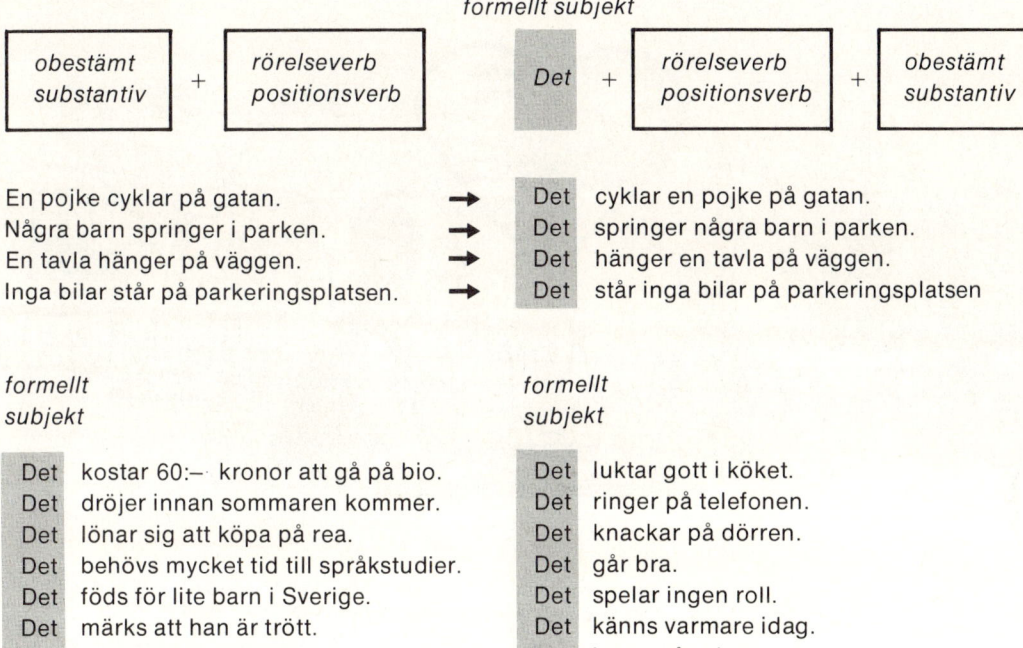

En pojke cyklar på gatan. → Det cyklar en pojke på gatan.
Några barn springer i parken. → Det springer några barn i parken.
En tavla hänger på väggen. → Det hänger en tavla på väggen.
Inga bilar står på parkeringsplatsen. → Det står inga bilar på parkeringsplatsen

formellt subjekt

Det kostar 60:— kronor att gå på bio.
Det dröjer innan sommaren kommer.
Det lönar sig att köpa på rea.
Det behövs mycket tid till språkstudier.
Det föds för lite barn i Sverige.
Det märks att han är trött.
Det syns att hon är sjuk.

formellt subjekt

Det luktar gott i köket.
Det ringer på telefonen.
Det knackar på dörren.
Det går bra.
Det spelar ingen roll.
Det känns varmare idag.
Det beror på priset.

Ord och uttryck

visserligen ... men ... i alla fall/ändå (inte)

Göran är **visserligen** förkyld, **men** han arbetar **i alla fall.**

Åke har **visserligen** hög lön,
Visserligen har Åke hög lön, **men** han får **ändå inte** så mycket kvar efter skatt.

Bo har **visserligen** studerat engelska länge,
Visserligen har Bo studerat engelska länge, **men** han talar **ändå inte** perfekt.

drygt = lite mer än   Huset är **drygt** 100 år gammalt.
knappt = lite mindre än   Åke tjänar **knappt** 13000 kronor.

68 Avsnitt sextioåtta — Sextioåttonde avsnittet

Borta bra men hemma bäst

Sven Berg och Lena Nyman, det sammanboende paret, har hela världen som arbetsplats. Ibland kan det dröja ganska länge, innan de båda får en gemensam ledighet. Det brukar de fira genom att skaffa ett gott vin och laga en extra god middag. Sedan sitter de i vardagsrummet vid ett vackert dukat bord och äter och dricker länge. De pratar om var de har varit och vart de ska åka nästa gång.

Lena   Usch, vad det är kallt i Sverige! Jag kommer direkt från Bangkok. Där var det varmt, kan du tro.

Sven   Ja, det kan jag tänka mig. Det var säkert lite skönare väder, när jag var där i januari.

Lena   Säkert. Varifrån kommer du nu?

Sven   Jag kommer direkt från New York. Där var det ungefär likadant som här.

Lena   I tisdags var jag i Lissabon, och på torsdag ska jag åka dit igen.

Sven   Jag flyger till Rom på fredag. Det ska bli trevligt. Jag har inte varit där på flera månader. Jag ska stanna där i två dagar.

Lena   Jag brukar komma till Rom ungefär en gång i månaden. Det är en underbar stad. Hur har du det förresten till jul och nyår? Ska du arbeta under de helgerna?

Sven Jag är faktiskt ledig över nyårshelgen.
Lena Fantastiskt! Det är jag också. Det blir den första helgen på länge, som vi båda är lediga.
Sven Ja, du var ledig i påskas och jag i pingstas. Men vi hade en fin semester tillsammans i somras, eller hur?
Lena Jovisst. Du, ska vi inte ta en veckas semester i vinter och åka skidor någonstans?
Sven Jo, jag skulle gärna vilja ha skidsemester en gång om året, om det går. Men du, vi stannar i Sverige. Vi åker ingenstans!

Grammatik
Tidsuttryck

← förfluten tid	nutid ●	framtid →
för tre år sedan	nu	om tre år
förr = förut = tidigare	nu	
i fjol = förra året	i år	nästa år
häromdagen	idag	om några dagar
i våras	(nu) i vår	i vår, nästa vår
i söndags	denna söndag	nästa söndag
i påskas	i påsk	i påsk, nästa påsk
i förrgår, igår	idag	i morgon, i övermorgon
i morse, i förmiddags		i eftermiddag, i kväll
igår / i förrgår / i torsdags { morse / förmiddag / eftermiddag / kväll		i morgon bitti / i övermorgon förmiddag / på torsdag eftermiddag / kväll
nyligen, nyss	(just) nu	strax, snart

69 Avsnitt sextionio Sextionionde avsnittet

Guldbröllop

Torsten och Greta Falk har snart varit gifta i 50 år. De har bott på många olika platser i "vårt avlånga land". Torsten har varit militär och har helt gått upp i sitt arbete, så att Greta har fått nästan allt ansvar för hushållet och barnens uppfostran. Trots att Greta har haft det arbetsamt många gånger, har hon sett det som sin uppgift att ta hand om man och barn.

Fastän Greta har sekreterarutbildning, har hon inte arbetat utanför hemmet, sedan barnen föddes. Innan Greta gifte sig, arbetade hon fyra år på ett kontor. Hon trivdes med sitt arbete, men hon saknade det inte, förrän barnen började bli vuxna och flyttade hemifrån. Då började hon tänka på att gå tillbaka till arbetslivet igen.

Men det blev aldrig av. Hon fyllde sin längre fritid genom att gå på kurser och lära sig väva. Det har med åren blivit många vackra dukar och tyger, som hon har kunnat ge sina barn och barnbarn i present på olika högtidsdagar.

På vårarna och höstarna ger Greta sig ofta ut i naturen för att samla växter, som hon sedan färgar garn med. Eftersom Torsten också tycker om att vara i naturen, följer han ofta med.

Gretas och Torstens två döttrar har båda skaffat sig familj och yrkesutbildning. Den ena är sjuksköterska och den andra banktjänsteman. De skulle inte kunna tänka sig att "bara" vara hemmafruar, som deras mor har varit.

Om några månader kommer hela släkten att samlas för att vara med om när Greta och Torsten firar sitt guldbröllop efter femtio års äktenskap.

Grammatik
Satsbyggnad: konjunktioner

Orsakskonjunktioner: **eftersom, emedan, därför att**

Eva badar,	eftersom emedan därför att	vattnet är varmt
huvudsats		*bisats*

Eftersom Emedan	vattnet är varmt,	badar Eva.
	bisats	*huvudsats*

Motsatskonjunktioner: **trots att   fastän   fast**

Eva badar,	trots att fastän fast	vattnet är kallt.
huvudsats		*bisats*

Trots att Fastän Fast	vattnet är kallt,	badar Eva.
	bisats	*huvudsats*

   **OBSERVERA!**   **trots** *är en preposition, som står före substantiv*

Olle badar **trots** regnet. = Olle badar, **trots** att det regnar.
Trots regnet badar Olle. = **Trots** att det regnar, badar Olle.

70 Avsnitt sjuttio — Sjuttionde avsnittet

Det var i Paris som Åke träffade Eva

I maj för två år sedan reste Åke till Frankrike på tjänsteresa. Han flög från Sturup till Paris, för det var där som han skulle delta i en konferens.

När Åke hade kommit fram och tagit in på sitt hotell, blev han hungrig och gick ut för att äta en bit mat. Han hittade en trevlig restaurang, och det var där, som han träffade Eva — sin blivande fru.

Eva hade nämligen också flugit till Paris med en charterresa för att uppleva våren. Hon och hennes väninnor hade gått ut på en restaurang, som resebyrån hade rekommenderat. Det var just den restaurangen, som Åke hade funnit, och det var då, som deras liv förändrades. När Åke hörde Eva tala svenska med sina väninnor, frågade han, om han fick slå sig ner vid deras bord. Både Åke och Eva kände från början att de tyckte om varandra, eller — som man också brukar säga — det blev kärlek vid första ögonkastet.

Det var i Paris som de fann varandra, och det blev i Lund som de fann arbete och bostad. Sedan dröjde det inte länge förrän de gifte sig, och nu lever de lyckliga och älskar varandra fortfarande.

Grammatik
Emfatisk omskrivning

Normal ordföljd: **S p o r t**

Olle	tvättar	bilen	på gatan	idag.
subjekt	**p**redikat	**o**bjekt	**r**ums- adverb	**t**ids- adverb

Emfatisk omskrivning med **Det är/var ... som**

Det är Olle, **som** tvättar bilen på gatan idag. Det är inte Erik.
Det är bilen **(som)** Olle tvättar på gatan idag. Det är inte cykeln.
Det är på gatan **(som)** Olle tvättar bilen idag. Det är inte i garaget.
Tvättar bilen gör Olle på gatan idag. Han lagar inte cykeln.

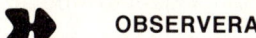 **OBSERVERA**   *proverbet* **göra!** Tvättar Olle bilen? Ja, det **gör** han.
Tvätta bilen, men **gör** det ordentligt!

71 Avsnitt sjuttioett   Sjuttioförsta avsnittet

En bilolycka

Om vädret är vackert och solen skiner, stiger Lena genast upp ur sängen på morgonen. Men om det regnar och är kallt, ligger hon kvar så länge som möjligt. Då brukar Sven väcka henne, om han redan är uppe.

En dag i höstas vaknade Lena mycket sent och måste skynda sig för att hinna i tid till sitt arbete. Hon hann inte äta frukost utan tog väskan med bilnycklarna, rusade ner till bilen och körde iväg. Men hon hade inte kört långt, förrän hon plötsligt råkade ut för en olycka. I en gatukorsning kom en annan bil med släckta lampor från höger. Lena såg inte bilen i tid utan körde rakt på den. Lyckligtvis blev inga människor utan bara bilarna skadade, och de måste föras bort från platsen av en bärgningsbil.

Om Lena inte hade kört så fort, skulle hon ha hunnit stanna, och om den andra bilen hade haft ljuset tänt, skulle Lena kanske ha sett den i tid.

Grammatik
Konditionalis

Nutid: händelsen är verklig (real) eller kan förverkligas (realiseras).

Skiner solen?   Då leker barnen utomhus.

Skiner solen,	leker barnen utomhus.
Om solen skiner,	leker barnen utomhus.
bisats	huvudsats

Barnen leker utomhus,	om solen skiner.
huvudsats	bisats

Regnar det?   Då leker barnen inomhus.

Regnar det,	leker barnen inomhus.
Om det regnar,	leker barnen inomhus.
bisats	huvudsats

Barnen leker inomhus,	om det regnar.
huvudsats	bisats

Om Åke vinner 100 000, ska han köpa ny bil. = Om Åke vann 100 000, skulle han köpa ny bil.
Åke ska köpa ny bil, om han vinner 100 000. = Åke skulle köpa ny bil om han vann 100 000.

Dåtid: Händelsen är inte verklig (irreal) och kan inte förverkligas (realiseras).

Om Åke hade vunnit 100 000, skulle han köpt ny bil. | *pluskvam-perfekt* | **skulle(ha) + *supinum*** |
Hade Åke vunnit 100 000, skulle han köpt ny bil.

Om Åke hade vunnit 100 000, hade han köpt ny bil. | *pluskvam-perfekt* | *pluskvam-perfekt* |
Hade Åke vunnit 100 000, hade han köpt ny bil.

—OM INTE "OM" HADE
FUNNITS, HADE JAG
VARIT MILJONÄR IDAG.

72 Avsnitt sjuttiotvå — Sjuttioandra avsnittet

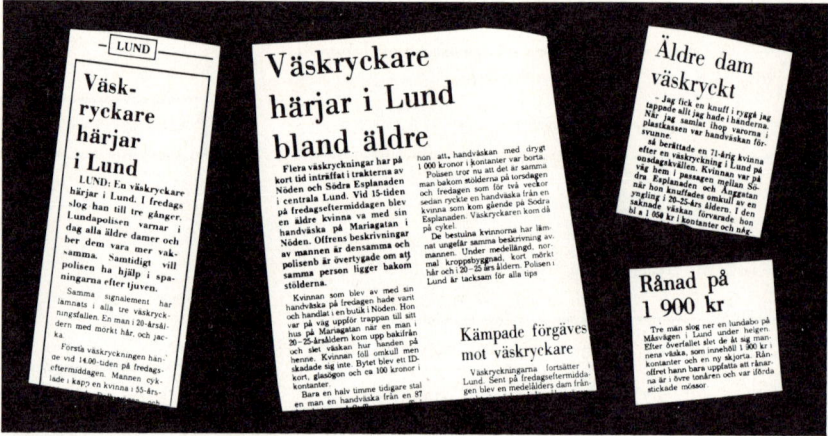

Ett rån

Eva och Åke Hellström sitter och dricker kaffe och läser tidningen på balkongen en söndagsförmiddag. Eva läser del 1 av tidningen, och som vanligt studerar Åke ivrigt sportsidorna i del 2.

Eva Usch, så hemskt!
Åke Vad då?
Eva Nu har det hänt igen. En äldre människa har blivit rånad på gatan. Man kan snart inte gå ut på kvällarna. Hör här!
"Fru Matilda Jakobsson, 68 år, blev igår kväll brutalt nerslagen och rånad. Hon var vid tiotiden på kvällen på väg hem från en teaterföreställning på Folkets Hus i Lund. När hon passerade stadsparken, slog en man ner henne och ryckte till sig hennes handväska, innehållande ungefär hundra kronor, och försvann springande därifrån. Fru Jakobsson blev skadad i huvudet, ena armen och benet, när hon föll mot trottoaren. Ett ungt par, som var ute med hunden, fann henne liggande på marken och larmade genast polis och ambulans. Hon blev snabbt förd till Lunds lasarett, där det visade sig att ena benet hade blivit brutet, och att hon hade fått lättare skador i huvudet och vänster arm. Hon kunde inte ge någon beskrivning av den, som hade slagit ner henne, men en äldre man meddelade

senare på kvällen att han hade sett en yngling i tjugoårsåldern komma springande från stadsparken. Han kunde också beskriva mannens utseende så noga, att ynglingen greps senare på natten i en poliskontroll." Är det inte förskräckligt?

Åke Jo, visst är det det. Men du, Eva, behöver verkligen inte vara rädd för att bli rånad. En väskryckare vågar inte ge sig på unga och starka människor som du — och han blir ju ändå tagen av polisen förr eller senare.

Grammatik
Passiv

Passiv bildas med **-s**, när **handlingen** betonas:
>Bilen lagade**s** på verkstaden igår för 500:— kronor.

Passiv bildas med **bliva** + perfekt particip, när **resultatet** betonas:
>Bilen **blev** laga**d** igår, så nu kan jag köra med den igen.

	infinitiv	presens	imperfekt	perfekt/pluskvamperfekt	futurum
1	laga**s** bli laga**d**	laga**s** blir laga**d**	lagade**s** blev laga**d**	har/hade lagat**s** har/hade blivit laga**d**	ska laga**s** ska bli laga**d**
2A	föra**s** bli för**d**	för(e)**s** blir för**d**	förde**s** blev för**d**	har/hade fört**s** har/hade blivit för**d**	ska föra**s** ska bli för**d**
2B	möta**s** bli mö**tt**	möt(e)**s** blir mö**tt**	mötte**s** blev mö**tt**	har/hade mött**s** har/hade blivit mö**tt**	ska möta**s** ska bli mö**tt**
3	sy**s** bli sy**dd**	sy**s** blir sy**dd**	sydde**s** blev sy**dd**	har/hade sytt**s** har/hade blivit sy**dd**	ska sy**s** ska bli sy**dd**
4	slå**s** ner bli nerslag**en**	slå**s** ner blir nerslag**en**	slog**s** ner blev nerslag**en**	har/hade slagit**s** ner har/hade blivit nerslag**en**	ska slå**s** ner ska bli nerslag**en**

Presens particip:

Mamma finner barnet **sovande** i sängen.
Barnet försvinner **springande**.
Barnet kommer **springande**.

Objekt med infinitiv:

Åke { ser / hör / märker } Eva, som kommer. → Åke { ser / hör / märker } Eva komma.

73 Avsnitt sjuttiotre — Sjuttiotredje avsnittet

Allemansrätten

Anna Svensson är tretton år och scout sedan tre år tillbaka. Anna älskar att vara ute i skog och mark. Hon studerar djuren och naturen, hon lär sig klara sig själv och att hjälpa andra. "En scout är alltid redo!", säger hon.

Idag ska Anna lära sig vad allemansrätten betyder. Hon sitter vid köksbordet och berättar för mamma, som lyssnar på sin dotter, medan hon bakar matbröd.

Allemansrätten betyder att man får:

1 tälta en natt utan att fråga den, som äger marken om lov att göra det;
2 göra upp eld på lämplig plats vid lämplig tid;
3 plocka bär, blommor och svamp;
4 passera en grind, om man stänger den efter sig;
5 bada överallt utom vid en annans tomt eller brygga;
6 cykla på vägar och stigar, som inte går över en tomt.

Men man får inte:

1 göra upp eld, om det kan bli skogsbrand, eller om mark och växter skadas;
2 tälta på tomt eller nära hus. Om man tältar mer än ett dygn, måste man be markägaren om tillstånd att göra det;
3 bada vid en annans tomt eller brygga;
4 använda någons brunn utan tillstånd eller gå genom odlad mark och plantering, så att den skadas;
5 ta grenar och löv från växande träd eller fågelägg och fågelbon. Man får inte heller plocka fridlysta växter.

Mamma säger till Anna: "Så duktig du är! Man blir så glad, när man hör att ens barn lär sig nyttiga saker. Och jag har också själv lärt mig något nytt. Man lär så länge man lever!"

Grammatik
Man, en, ens/sin, sitt, sina

subjektsform: **man**
genitivform: **ens** eller **sin, sitt, sina**
objektsform: **en**

När **man** passerar en gräns med **sin** bil, kontrollerar tullmannen **ens** bagage och frågar **en**, om **man** har något att deklarera i **sina** väskor.

ordningstal

1 för det första
2 för det andra
3 för det tredje
4 för det fjärde

74

Avsnitt sjuttiofyra — Sjuttiofjärde avsnittet

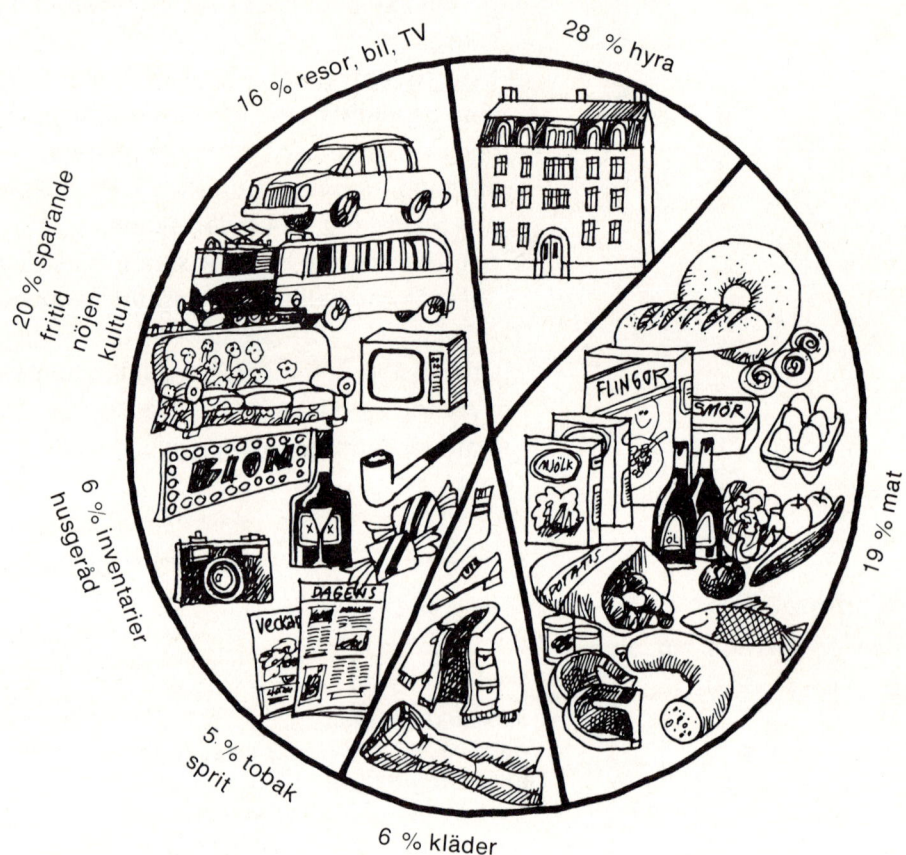

Familjen Nilssons budget

INKOMSTER		UTGIFTER	
Görans lön	182 400	Hyra	64 600
Ullas lön	108 000	Mat	43 800
Barnbidrag	9 000	Kläder	13 800
Studiebidrag	9 000	Sprit och tobak	11 500
		Inventarier, husgeråd	13 800
Bruttoinkomst	308 400	Fritid, nöjen, kultur	45 000
./. skatt	79 000	Resor, bil, TV	36 900
Nettoinkomst	229 400		229 400

Inkomster och utgifter

Människorna, som bor i huset på Storgatan 12, bildar tio hushåll. Den ekonomiska situationen är inte likadan i alla hushållen utan växlar från familj till familj.

Några personer, till exempel Svea Lindberg och paret Hellström, lever bara på sina löner. Om de blir sjuka, får de sjukpenning från försäkringskassan. Men andra personer kan ha andra inkomster. Ingrid Ek, som är frånskild, får till exempel underhåll för sonen Mats av sin före detta make. Torsten och Greta Falk är pensionärer och lever på sina pensioner. Bo Ek, som studerar vid högskolan, får studiemedel av staten. Det är pengar, som han måste betala tillbaka, när han har studerat färdigt och börjar tjäna pengar.

Familjer med barn under 16 år får barnbidrag. Olle Svensson och Berit Nilsson, som är äldre än 16 år men fortfarande går i skolan, får studiebidrag.

Man kan också få bostadsbidrag som hjälp att betala höga hyror. Ju lägre inkomsten är, desto större bostadsbidrag får man.

Bo, som inte har någon inkomst, slipper betala skatt, vilket de andra måste göra. Ju högre inkomst man har, desto högre blir också skatten. Senast den 15 februari varje år måste inkomsterna för föregående år deklareras på särskilda deklarationsblanketter. Många svenskar sitter då och suckar, när de försöker fylla i de ofta krångliga blanketterna.

Familjen Nilsson betalar ungefär knappt en tredjedel av lönen i direkt skatt. I december samma år får man tillbaka pengar om man har betalat in för mycket skatt under föregående år. Har man betalat för lite, måste man betala resten under de fyra första månaderna följande år.

Sverige har världens högsta skatter, och svenskarna betalar också skatt när de köper varor i affärerna. Det är en indirekt skatt på cirka 25 procent som kallas "moms".

Grammatik
ju ... desto

ju + *komparativ,* **desto** + *komparativ*

bisats	huvudsats
Ju högre inkomst man har,	**desto** högre blir skatten.
Ju vackrare vädret är,	**desto** flera människor åker ut och badar.

Substantivens form efter vissa ord

 OBSERVERA! *Efter orden* samma, följande, nästa, föregående, *genitiv och possessiva pronomen har substantiven obestämd form:*

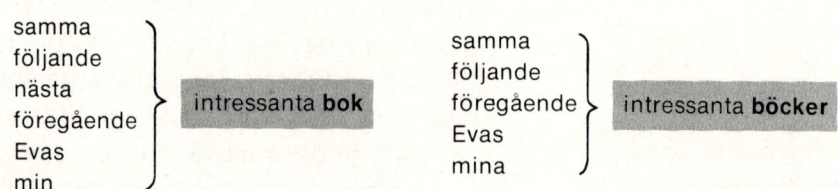

samma
följande
nästa
föregående
Evas
min
} intressanta **bok**

samma
följande
föregående
Evas
mina
} intressanta **böcker**

Räkneord: bråktal

1/3 en tredjedel   2/3 två tredjedelar
1/4 en fjärdedel   3/4 tre fjärdedelar
1/9 en niondel   5/9 fem niondelar

75

Avsnitt sjuttiofem — Sjuttiofemte avsnittet

Jämlikhet, valfrihet och samverkan

Sverige är ett typiskt invandrarland, dit många människor från nästan hela världen har kommit — inte bara som turister utan för att stanna en längre tid, ja kanske för hela livet.

Med invandrare menar man en person, som är bosatt i Sverige, men som är eller har varit utländsk medborgare.

Under de sista trettio åren har nämligen över 300 000 av invandrarna blivit svenska medborgare. Det sker genom SIV, Statens Invandrarverk i Norrköping. Svensk medborgare kan en invandrare bli efter högst fem års vistelse i Sverige. Då ska man kunna visa att man kan klara sig på svenska. Det är viktigt för ens egen skull och för att få kontakt med andra svenskar i samhället att försöka lära sig så mycket svenska som möjligt.

Finländare, jugoslaver, danskar, norrmän, tyskar, iranier, polacker, engelsmän, sydamerikaner och turkar är de största grupperna bland invandrarna. Bland dem finns också politiska flyktingar, som bl. a. genom Förenta Nationerna har kommit till Sverige från länder med svåra förhållanden.

Svenskarna har genom riksdagen bestämt att målen för invandringspolitiken ska vara JÄMLIKHET, VALFRIHET och SAMVERKAN. Invandrarna ska ha samma möjligheter, rättigheter och skyldigheter som svenskarna. De ska betala samma skatter och få samma förmåner som svenskarna. De ska själva kunna välja vad de vill behålla av sin egen kultur. I skolan får t. ex. barnen hemspråksundervisning, så länge de vill. Invandrarna och svenskarna måste lära känna varandras kulturer för att kunna förstå varandra och samarbeta.

Grammatik
Jämförelsekonjunktioner

så ... som	Barnen gör **så som** mamma har sagt.	
	Jasna försöker lära sig **så** mycket **som** möjligt.	
	Kör **så** försiktigt (**som**) du kan!	
	Eva sover **så** länge (**som**) hon vill.	
lika ... som	Åke kör **lika** fort **som** Eva (brukar göra).	

Ord och uttryck
Förkortningar

AB	aktiebolag	LO	Landsorganisationen
AMS	arbetsmarknadsstyrelsen	m	meter
ATP	allmän tilläggspension	m.fl.	med flera
bl.a.	bland annat	m.m.	med mera
cl	centiliter	moms	mervärdesskatt
cm	centimeter	obs!	observera
DN	Dagens Nyheter	o.d.,	
dvs.	det vill säga	o.dyl.	och dylikt
etc.	et cetera	osv.	och så vidare
f.	född	SBP	AB Svensk Bilprovning
f.n.	för närvarande	SIV	Statens Invandrarverk
FN	Förenta Nationerna	s.k.	så kallad/kallat/kallade
fr.	fröken; fru	t.ex.	till exempel
g.	gift	tfn, tel.	telefon
i st. f.	i stället för	tr.	trappa, trappor
kg	kilo	t.v.	tills vidare
km	kilometer	ung.	ungefär
kr	kronor		

Grammatisk översikt

Substantiv   *Regelbundna   Oregelbundna   Grundform och genitiv*
Adjektiv   *Regelbundna   Oregelbundna   Komparation*
Pronomen   *Personliga Reflexiva Possessiva Relativa Interrogativa*
Räkneord   *Grundtal   Ordningstal   Bråktal   Sifferuttryck*
Adverb   *Adverbbildning   Tidsuttryck*
Verb   *Regelbundna Oregelbundna Deponens Passiv Presens particip*
Tempus och modus   *Tempus   Indirekt tal   Konditionalis*
Satsfogning och konjunktioner   *Huvudsats   Bisats   Konjunktioner*
Ordföljd   *Huvudsats   Bisats*

SUBSTANTIV

Regelbundna

	Singular		Plural		ordtyp
	obestämd form	bestämd form	obestämd form	bestämd form	
1	en lampa	lampan	-or lampor	lamporna	Flerstaviga **en**-ord på -a
2	en bil en pojke	bil**en** pojk**en**	-ar bil**ar** pojk**ar**	bil**arna** pojk**arna**	Enstaviga **en**-ord på konsonant Flerstaviga **en**-ord på -e
3	en fabrik en sko ett parti	fabrik**en** sko**n** parti**et**	-(e)r fabrik**er** sko**r** parti**er**	fabrik**erna** sko**rna** parti**erna**	Flerstaviga slutbetonade ord
4	ett piano	piano**t**	-n piano**n**	piano**na**	**ett**-ord på vokal
5	ett hus en lärare	hus**et** lärar**en**	hus lärare	hus**en** lärar**na**	**ett**-ord på konsonant **en**-ord på -are

Oregelbundna

2	en cykel en syster en dotter en mor, moder	cykeln systern dottern modern	cyklar systrar döttrar mödrar	cyklarna systrarna döttrarna mödrarna	axel fågel sedel stövel vigsel växel faster finger förälder jumper orkester teater vinter åker mormor farmor
3	en bok	boken	böcker	böckerna	dagbok kartbok kokbok lärobok nybörjarbok plånbok sagobok
	en fot	foten	fötter	fötterna	morot
	en hand	handen	händer	händerna	land rand strand natt stad verkstad huvudstad
	ett museum	museet	museer	museerna	
	en motor	motorn	motorer	motorerna	doktor traktor
4	ett öga	ögat	ögon	ögonen	öra
5	ett fönster ett nummer	fönstret numret	fönster nummer	fönstren, fönsterna numren, nummerna	
	en musiker	musikern	musiker	musikerna	belgier mekaniker indier iranier
	en man	mannen	män	männen	engelsman fästman landsman tjänsteman
	en far, fader	fadern	fäder	fäderna	farfar morfar
	en bror, broder	brodern	bröder	bröderna	farbror morbror

Grundform: en bil bilen bilar bilarna Eva Lars Max Liz
Genitiv: en bils bilens bilars bilarnas Evas Lars' Max' Liz'

ADJEKTIV
Regelbundna

en	*ett*	*många*
stor	stort	stora

Oregelbundna

en	*ett*	*många*	
enkel	enkelt	enkla	adjektiv på **-el**: dubbel
mogen	moget	mogna	adjektiv på **-en**: nyfiken vuxen välkommen
vacker	vackert	vackra	adjektiv på **-er**: mager
gammal	gammalt	gamla	
liten	litet	lilla/små	
blå	blått	blå(a)	fri grå ny
röd	rött	röda	bred död glad sned
målad	målat	målade	particip på **-ad**: lagad
hård	hårt	hårda	blond förkyld känd nöjd rund skild såld värd
kort	kort	korta	adjektiv på konsonant + **-t**: gift lätt tyst
bra	bra	bra	adjektiv på **-a, -e, -s**: extra främmande gratis

Regelbunden komparation

fin	finare	finast		
enkel	enklare	enklast	adjektiv på **-el**	
mogen	mognare	mognast	adjektiv på **-en**	+ **e**: den finast**e** bilen
vacker	vackrare	vackrast	adjektiv på **-er**	

Oregelbunden komparation

hög	högre	högst	trång	trängre	trängst	
stor	större	störst	dålig	sämre	sämst	
tung	tyngre	tyngst		värre	värst	
ung	yngre	yngst	bra	bättre	bäst	+ **a**: den störst**a** bilen
få	färre	(inga)	gammal	äldre	äldst	
låg	lägre	lägst	liten	mindre	minst	
lång	längre	längst	många	flera	flest	

adjektiv på **-isk**:	praktisk	mer(a) praktisk	mest praktisk
adjektiv på **-e**:	förtjusande	mer(a) förtjusande	mest förtjusande
perfekt particip:	intresserad	mer(a) intresserad	mest intresserad

Adjektiv + substantiv

Singular

	fin	finare							
en någon ingen vilken varje	**fin**				bil				
ett något inget vilket	**fint**				hus				
den det (här, där)		**finare**	finaste	största	bil**en** hus**et**				
Evas min, din ... denna samma nästa följande mitt, ditt ... detta	finaste	finaste	finast	största	bil hus				

Plural

	fina	finare	finaste	största	
inga få några flera många alla vilka 27					bilar hus
de (här, där)	fina	finare	finaste	största	bilar**na** hus**en**
Evas mina, dina ... dessa samma följande		finare	finaste	största	bilar hus

Substantiv + adjektiv

	är	fin	finare	finast	störst	mer(a)	mest	
en/min/denna bil bilen	är	**fin**						**praktisk**
ett/mitt/detta hus huset	är	**fint**	finare	finast	störst	mer(a)	mest	**praktiskt**
inga/mina/dessa bilarna	är	**fina**						**praktiska**

184

PRONOMEN

Personliga pronomen

		jag	träffar	mig
		du		dig
(pojken)	→	han	talar med	honom
(flickan)	→	hon		henne
(bilen, katten)	→	den	bor hos	den
(huset, barnet)	→	det	får mat av	det
		vi		oss
		ni	ger mat till	er
		de	ger	dem mat

Reflexiva pronomen

jag	tvättar	mig
du	roar	dig
han	rakar	sig
hon	kammar	sig
den	solar	sig
det	klär på	sig
vi	gifter	oss
ni	sätter	er
de	lär	sig

Possessiva pronomen

en	ett	många			Reflexiv form
min	mitt	mina	← jag		han äter **sin** mat **sitt** kött **sina** bullar
din	ditt	dina	← du		
hans	hans	hans	← han →		hon äter **sin** mat **sitt** kött **sina** bullar
hennes	hennes	hennes	← hon →		
dess	dess	dess	← den →		den äter **sin** mat **sitt** kött **sina** bullar
dess	dess	dess	← det →		
vår	vårt	våra	← vi		det äter **sin** mat **sitt** kött **sina** bullar
er	ert	era	← ni		
deras	deras	deras	← de →		de äter **sin** mat **sitt** kött **sina** bullar

Relativa pronomen

som

huvudsats	*huvudsats*
Åke har en bil.	Den är ny.
Åke har en bil,	som är ny.
huvudsats	*bisats*

| Kalle har en katt. | Han leker med **den**. |
| Kalle har en katt, | **som** han leker med. |

vars – vilkas
Kalle har en katt. Kattens namn är Måns.
Kalle har en katt, **vars** namn är Måns.
Föräldrarna, **vilkas** barn är stora, arbetar båda.

om hel sats: **vilket**
Familjen har bil, **vilket** är praktiskt.

Interrogativa pronomen

huvudsats	*bisats*
Vem bor här?	Åke frågar **vem som** bor här.
subjekt	*subjekt*
Vem talar Eva med?	Åke undrar **vem** Eva talar med.
Vilken bil är bäst?	Erik vill veta **vilken** bil som är bäst.
Vilket rum bor Kalle i?	Eva frågar **vilket** rum Kalle bor i.
Vilka barn är hemma?	Erik undrar **vilka** barn som är hemma.
Vad gör Ulla?	Göran vill veta **vad** Ulla gör.

RÄKNEORD

Grundtal

0	noll	
1	en, ett	
2	två	
3	tre	
4	fyra	
5	fem	
6	sex	
7	sju	
8	åtta	
9	nio	
10	tio	
11	elva	
12	tolv	
13	tretton	
14	fjorton	
15	femton	
16	sexton	
17	sjutton	
18	arton	
19	nitton	
20	tjugo	
21	tjugoen, tjugoett	
22	tjugotvå	
30	trettio	
40	fyrtio	
50	femtio	
60	sextio	
70	sjuttio	
80	åttio	
90	nittio	
100	(ett) hundra	
123	(ett) hundratjugotre	
200	tvåhundra	
1 000	(ett) tusen	
10 000	tiotusen	
100 000	hundratusen	
123 456	hundratjugotretusen fyrahundrafemtiosex	
1 000 000	en miljon	

Bråktal

1/2	en halv		1/5	en femtedel
1/3	en tredjedel		1/6	en sjättedel
2/3	två tredjedelar		4/7	fyra sjundedelar
1/4	en fjärdedel		1/10	en tiondel
			1 1/2	en och en halv

Ordningstal

- nollte
- första
- andra
- tredje
- fjärde
- femte
- sjätte
- sjunde
- åttonde
- nionde
- tionde
- elfte
- tolfte
- trettonde
- fjortonde
- femtonde
- sextonde
- sjuttonde
- artonde
- nittonde
- tjugonde
- tjugoförsta
- tjugoandra
- trettionde
- fyrtionde
- femtionde
- sextionde
- sjuttionde
- åttionde
- nittionde
- hundrade
- hundratjugotredje
- tvåhundrade
- tusende
- tiotusende
- hundratusende
- hundratjugotretusen fyrahundrafemtiosjätte
- miljonte

Telefonnummer: 046 – 12 34 56
riktnummer noll fyrtiosex
abonnentnummer tolv trettiofyra femtiosex

Postnummer: 222 38 tvåhundratjugotvå trettioåtta

Personnummer: 481117 – 2115 fyrtioåtta elva sjutton tjugoett femton

Veckodagar:

söndag	torsdag
måndag	fredag
tisdag	lördag
onsdag	

Månader:

januari	juli
februari	augusti
mars	september
april	oktober
maj	november
juni	december

Matematik

2+3=5	två plus/och tre är fem
7−4=3	sju minus fyra är tre
3×4=12	tre gånger fyra är tolv
18:3=6	arton delat med tre är sex
3,75	tre komma sjuttiofem
36,8	trettiosex och åtta *(temperatur)*

Priser

0:50	femtio öre
1:–	en krona
1:50	en (krona) och femtio (öre)
56:50	femtiosex (kronor) och femtio (öre)

Klockslag

03.05	tre och fem/noll tre noll fem
14.29	fjorton och tjugonio

Datum

4/9	den fjärde i nionde

Årtal

1981	nittonhundraåttioett
1900-talet	nittonhundratalet

ADVERB

Många adverb bildas av adjektivets form på **-t:**

	adjektiv	adverb
Eva	är vacker	
Huset	är vackert →	vackert
Flickorna	är vackra	
Huset	är ovanligt →	ovanligt

Eva sjunger vackert.

Eva är vackert klädd.

Eva är ovanligt vacker.

Eva är ovanligt vackert klädd.

Tidsuttryck
När?

Eva arbetade i måndags i förrgår igår	Eva arbetar idag	Eva ska arbeta i morgon i övermorgon på söndag

igår   ⎫   morse
i förrgår   ⎬   förmiddag
i måndags ⎭   eftermiddag
                      kväll
		i morgon bitti på lördag morgon
		i morgon ⎫ förmiddag
		på lördag ⎬ eftermiddag
		                    kväll

häromdagen = för några dagar sedan häromveckan = för några veckor sedan häromåret = för några år sedan för <u>tre</u> år sedan		om några dagar om några veckor om några år om <u>fem</u> minuter
i våras i påskas i somras i pingstas i höstas i julas i vintras	(nu) i sommar (nu) i påsk	i vår i påsk i sommar i pingst i höst i jul i vinter
nyligen nyss	(just) nu	strax snart

	Eva brukar arbeta på morgonen ⎫
	                                       på förmiddagen ⎬ på dagen
	                                       på eftermiddagen ⎪
	                                       på kvällen ⎭
	Eva brukar sova på natten	

Hur länge?

Eva har arbetat (**i**) åtta månader.
Eva har **inte** haft semester **på** åtta månader.
Eva arbetar (**i**) sex timmar varje dag.

Hur lång tid tar det att laga bilen?

Det tar två timmar att laga bilen.
Verkstaden lagar bilen **på** två timmar.

Hur ofta?

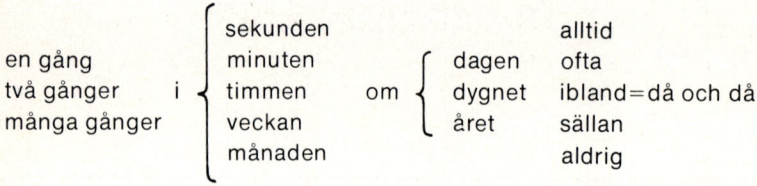

VERB
Regelbundna verb
Grupp 1, 2, 3

	infinitiv	imperativ	presens	imperfekt	supinum	perfekt particip		
1	måla	måla!	målar	målade	målat	målad	målat	målade
2A	stänga	stäng!	stänger	stängde	stängt	stängd	stängt	stängda
	hyra	hyr!	hyr	hyrde	hyrt	hyrd	hyrt	hyrda
	höra	hör!	hör	hörde	hört	hörd	hört	hörda
	köra	kör!	kör	körde	kört	körd	kört	körda
	lära (sig)	lär (dig)	lär (sig)	lärde (sig)	lärt (sig)	lärd	lärt	lärda
	(an)vända	(an)vänd!	(an)vänder	(an)vände	(an)vänt	(an)vänd	(an)vänt	(an)vända
	sända	sänd!	sänder	sände	sänt	sänd	sänt	sända
	tända	tänd!	tänder	tände	tänt	tänd	tänt	tända
2B	köpa	köp!	köper	köpte	köpt	köpt	köpt	köpta
	gifta sig	gift dig!	gifter	gifte	gift	gift	gift	gifta
	lyfta	lyft!	lyfter	lyfte	lyft	lyft	lyft	lyfta
3	sy	sy!	syr	sydde	sytt	sydd	sytt	sydda

Oregelbundna verb
Grupp 4

infinitiv	imperativ	presens	imperfekt	supinum	perfekt particip		
be	be!	ber	bad	bett	ombedd	ombett	ombedda
binda	bind!	binder	band	bundit	bunden	bundet	bundna
bita	bit!	biter	bet	bitit	biten	bitet	bitna
bjuda	bjud!	bjuder	bjöd	bjudit	bjuden	bjudet	bjudna
bli(va)	bli!	blir	blev	blivit	nybliven	nyblivet	nyblivna
brinna	brinn!	brinner	brann	brunnit	brunnen	brunnet	brunna
bryta	bryt!	bryter	bröt	brutit	bruten	brutet	brutna
bära	bär!	bär	bar	burit	buren	buret	burna
böra	—	bör	borde	bort	—	—	—
dra(ga)	dra(g)!	drar	drog	dragit	dragen	draget	dragna
dricka	drick!	dricker	drack	druckit	drucken	drucket	druckna
dö	dö!	dör	dog	dött	utdöd	utdött	utdöda
falla	fall!	faller	föll	fallit	fallen	fallet	fallna
finna	finn!	finner	fann	funnit	funnen	funnet	funna
finnas	—	finns	fanns	funnits	—	—	—
flyga	flyg!	flyger	flög	flugit	bortflugen	bortfluget	bortflugna
frysa	frys!	fryser	frös	frusit	frusen	fruset	frusna
få	få!	får	fick	fått	andfådd	andfått	andfådda
försvinna	försvinn!	försvinner	försvann	försvunnit	försvunnen	försvunnet	försvunna
ge	ge!	ger	gav	gett	given	givet	givna

▶

infinitiv	imperativ	presens	imperfekt	supinum	perfekt particip		
gråta	gråt!	gråter	grät	gråtit	förgråten	förgråtet	förgråtna
gå	gå!	går	gick	gått	gången	gånget	gångna
göra	gör!	gör	gjorde	gjort	gjord	gjort	gjorda
ha	ha!	har	hade	haft	medhavd	medhaft	medhavda
hinna	hinn!	hinner	hann	hunnit	upphunnen	upphunnet	upphunna
hålla	håll!	håller	höll	hållit	hållen	hållet	hållna
komma	kom!	kommer	kom	kommit	kommen	kommet	komna
kunna	kan!	kan	kunde	kunnat	–	–	–
le	le!	ler	log	lett	–	–	–
ligga	ligg!	ligger	låg	legat	förlegad	förlegat	förlegade
låta	låt!	låter	lät	låtit	tillåten	tillåtet	tillåtna
lägga	lägg!	lägger	la, lade	lagt	lagd	lagt	lagda
njuta	njut!	njuter	njöt	njutit	njuten	njutet	njutna
(vara tvungen)	–	måste	måste	måst	tvingad	tvingat	tvingade
rinna	rinn!	rinner	rann	runnit	runnen	runnet	runna
se	se!	ser	såg	sett	sedd	sett	sedda
sitta	sitt!	sitter	satt	suttit	nersutten	nersuttet	nersuttna
sjunga	sjung!	sjunger	sjöng	sjungit	sjungen	sjunget	sjungna
sjunka	sjunk!	sjunker	sjönk	sjunkit	sjunken	sjunket	sjunkna
skina	skin!	skiner	sken	skinit	–	–	–
skjuta	skjut!	skjuter	sköt	skjutit	skjuten	skjutet	skjutna
skola	–	ska, skall	skulle	skolat	–	–	–
skrika	skrik!	skriker	skrek	skrikit	–	–	–
skriva	skriv!	skriver	skrev	skrivit	skriven	skrivet	skrivna
skära	skär!	skär	skar	skurit	skuren	skuret	skurna
slippa	slipp!	slipper	slapp	sluppit	uppsluppen	uppsluppet	uppsluppna
slå	slå!	slår	slog	slagit	slagen	slaget	slagna
slåss	slåss!	slåss	slogs	slagits	–	–	–
snyta	snyt!	snyter	snöt	snutit	snuten	snutet	snutna
sova	sov!	sover	sov	sovit	utsövd	utsövt	utsövda
springa	spring!	springer	sprang	sprungit	bortsprungen	bortsprunget	bortsprungna
sticka	stick!	sticker	stack	stuckit	stucken	stucket	stuckna
stiga	stig!	stiger	steg	stigit	uppstigen	uppstiget	uppstigna
stjäla	stjäl!	stjäl	stal	stulit	stulen	stulet	stulna
stryka	stryk!	stryker	strök	strukit	struken	struket	strukna
stå	stå!	står	stod	stått	förstådd	förstått	förstådda
säga	säg!	säger	sa, sade	sagt	sagd	sagt	sagda
sälja	sälj!	säljer	sålde	sålt	såld	sålt	sålda
sätta	sätt!	sätter	satte	satt	satt	satt	satta
ta	ta!	tar	tog	tagit	tagen	taget	tagna
vara	var!	är	var	varit	–	–	–
veta	vet!	vet	visste	vetat	–	–	–
vilja	vill!	vill	ville	velat	–	–	–
vinna	vinn!	vinner	vann	vunnit	vunnen	vunnet	vunna
välja	välj!	väljer	valde	valt	vald	valt	valda
vänja	vänj!	vänjer	vande	vant	vand	vant	vanda
äta	ät!	äter	åt	ätit	uppäten	uppätet	uppätna

Deponens

infinitiv	imperativ	presens	imperfekt	supinum
andas	andas!	andas	andades	andats
fattas		fattas	fattades	fattats
finnas		finns	fanns	funnits
hoppas	hoppas!	hoppas	hoppades	hoppats
lyckas		lyckas	lyckades	lyckats
låtsas	låtsas!	låtsas	låtsades	låtsats
saknas		saknas	saknades	saknats
svettas	svettas!	svettas	svettades	svettats
träffas	träffas!	träffas	träffades	träffats
vistas	vistas!	vistas	vistades	vistats
födas		föds	föddes	fötts
hjälpas åt	hjälps åt!	hjälps åt	hjälptes åt	hjälpts åt
kännas		känns	kändes	känts
minnas	minns!	minns	mindes	mints
märkas	märks!	märks	märktes	märkts
skiljas	skiljs!	skiljs	skildes	skilts
trivas	trivs!	trivs	trivdes	trivts

Passiv

	infinitiv	presens	imperfekt	supinum	futurum
1	målas	målas	målades	målats	ska målas
2A	stängas	stäng(e)s	stängdes	stängts	ska stängas
	hyras	hyr(e)s	hyrdes	hyrts	ska hyras
	användas	använd(e)s	användes	använts	ska användas
2B	köpas	köp(e)s	köptes	köpts	ska köpas
3	sys	sys	syddes	sytts	ska sys
4	skrivas	skriv(e)s	skrevs	skrivits	ska skrivas
	ses	ses	sågs	setts	ska ses
	göras	görs	gjordes	gjorts	ska göras

med **bli** + *perfekt particip:*

att bli målad   blir målad   blev målad   blivit målad   ska bli målad

Aktiv: Verkstaden målar bilen. *Passiv:* Bilen $\genfrac{}{}{0pt}{}{\text{målas}}{\text{blir målad}}$ av verkstaden.

Presens particip

Infinitiv på **-a:** + **nde:** mål**ande**
Infinitiv på annan vokal: + **ende:** gå**ende**
ha → havande   bli → blivande

TEMPUS OCH MODUS

	dåtid			nutid		framtid	
	före då	**då**	efter då	före nu	**nu**	**sedan 1**	**sedan 2**
Tid (tempus)					Åke har en ny bil.		Åke ska köpa en ny bil nästa år.
		Åke köpte en ny bil förra året.		Åke har köpt en ny bil.	Nu har Åke en ny bil.		Åke kommer att köpa en ny bil nästa år.
					Åke köper ofta ny bil.		Åke köper en ny bil nästa år.
	När Åke hade sparat 50 000:−	köpte han en ny bil.				När Åke har sparat 20 000:−	ska han köpa en ny bil igen.
Indirekt tal					Åke säger att han har en bil.		
		Åke sa i början av förra året	att han skulle köpa ny bil	Åke har sagt			att han ska köpa en ny bil nästa år
		Åke sa igår			Åke säger		att han ska köpa en ny bil nästa år
	att han hade köpt en ny bil.						
		Åke sa att han köpte ny bil förra året		att han har köpt en ny bil.	Åke säger		
		att han köpte ny bil förra året			Åke säger		
Villkor (konditionalis)		men det gjorde han inte	Åke skulle köpa ny bil förra året		Om Åke vinner 100 000:−		ska han köpa en Mercedes.
	Om Åke hade vunnit 100 000:−		skulle han ha köpt en Mercedes.		Om Åke vinner 100 000:−		
		Om Åke vann 100 000:−	skulle han köpa en Mercedes.		köper han en Mercedes.		
	pluskvamperfekt	imperfekt	**skulle** + infinitiv	perfekt	presens	futuralt perfekt	futurum

SATSFOGNING OCH KONJUNKTIONER

HUVUDSATS subjekt + predikat	konjunk- tion	BISATS (subjekt + predikat)	konjunk- tion	BISATS (subjekt + predikat)	HUVUDSATS (predikat + subjekt)
tid 17.00 Eva diskar,	**när** **sedan** **då**	16.00 hon har ätit.	**När** **Sedan** **Då**	Eva har ätit,	diskar hon.
16.00 Eva äter,	**innan**	hon diskar. 17.00	**Innan**	Eva diskar,	äter hon.
16.00 Eva lyssnar på radio,	**medan** **när** **då**	16.00 hon äter.	**Medan** **När** **Då**	Eva äter,	lyssnar hon på radio.
Olle väntar,	**tills**	Eva kommer.			
Olle går inte,	**förrän**	Eva kommer.			
orsak Eva badar,	**eftersom** **emedan** **då** **därför att**	vattnet är varmt.	**Eftersom** **Emedan** **Då**	vattnet är varmt,	badar Eva.
mot- *sats* Eva badar,	**trots att** **fast(än)** **även om**	vattnet är kallt.	**Trots att** **Fastän** **Även om**	vattnet är kallt,	badar Eva.
vill- *kor* Eva badar,	**om** **ifall**	vattnet är varmt.	**Om** **Ifall**	vattnet är varmt,	badar Eva.
avsikt Åke kör fort,	**för att**	han ska hinna fram.	**För att**	hinna fram	kör Åke fort.
följd Åke körde fort,	**så att**	han hann fram.	**Så** fort	körde Åke **att** han hann fram.	
Åke körde **så** fort,	**att**	han hann fram.			
jäm- Eva blir smalare,	**ju** mer(a)	hon bantar.	**Ju** mer(a) Eva bantar,	**ju** **desto**	slankare blir hon.
förelse Åke kör **så**,	**som**	Eva säger.			
Åke kör **lika** fort	**som**	Eva (brukar göra).			
sätt Åke kom hem,	**utan att**	Eva märkte det.	**Utan att**	Eva märkte det,	kom Åke hem.
Bo klarade examen	**genom att**	han studerade mycket.	**Genom att**	Bo studerade mycket,	klarade han examen.
påstående Åke säger	**att**	Eva kommer.			
fråga Åke frågar	**om**	Eva kommer.			

HUVUDSATS	konjunk- tion	HUVUDSATS	HUVUDSATS HUVUDSATS (predikat + subjekt)
Åke läser,	**och**	Eva skriver.	Eva kommer, säger Åke.
Eva skriver,	**och**	Åke läser.	Kommer Eva? frågar Åke.
Åke är sjuk,	**men**	han arbetar **ändå** **i alla fall** **trots det**	
Åke är hemma,	**för**	han är sjuk.	

ORDFÖLJD
Ordföljd i huvudsats

1	2	3	4	5	6	7	
subjekt objekt adverb bisats	verb 1	subjekt	sats- adverb	verb 2 (partikel)	objekt	adverb rum	tid
Åke	läser	—	alltid	— (genom)	tidningen	i sängen	på morgonen.
Eva	tar	—	alltid	— på	sig kläderna	i rummet	på morgonen.
Tidningen	läser	Åke	alltid	— (genom)		i sängen	på morgonen.
Kläderna	tar	Eva	alltid	— på	sig	i rummet	klockan 7.
Eva	brukar	—	ofta	sätta (fram)	vin	på bordet	till middag.
På bordet	brukar	Eva	ofta	sätta (fram)	vin	—	till middag.
Åke	har	—	inte	tvättat (av)	bilen	på gatan	idag.
Idag	har	Åke	inte	tvättat (av)	bilen	på gatan	
	Läser	Åke	alltid	(genom)	tidningen	i sängen	på morgonen?
	Tar	Eva	alltid	på	sig kläderna	i rummet	på morgonen?
	Brukar	Eva	ofta	sätta (fram)	vin	på bordet	till middag?
Vem	har	—	inte	tvättat (av)	bilen	på gatan	idag?
När	brukar	Eva	—	sätta (fram)	vin	på bordet?	
Varför	har	Åke	inte	tvättat (av)	bilen	på gatan	idag?
När han har vaknat	läser	Åke	alltid	— (genom)	tidningen	i sängen	på morgonen.
Om hon är törstig	brukar	Eva	ofta	sätta (fram)	vin	på bordet	till middag.
Eftersom det regnar	har	Åke	inte	tvättat (av)	bilen	på gatan	idag.
	Sätt	—	inte	— (fram)	vin	på bordet!	
	Ta	—	inte	— på	dig kläderna	i rummet	klockan 7!

Ordföljd i bisats

	1	2	3	4	5	6	7	
huvudsats	bisatsord	sub- jekt		verb 1				
Eva badar	när	Åke	—	läser	— (genom)	tidningen	i sängen	på morgonen.
Åke sover	medan	Eva	—	brukar	ta på	sig kläderna	i rummet	klockan 7.
Åke är glad	därför att	Eva	ofta	brukar	sätta (fram)	vin	på bordet	till middag.
Bilen är ful	eftersom	Åke	inte	har	tvättat (av)	den	på gatan	idag.
Eva säger	att	Åke	inte	har	tvättat (av)	den	på gatan	idag.
Eva frågar	om	Åke	alltid	läser	— (genom)	tidningen	i sängen	på morgonen.
Vet du	om	Eva	ofta	brukar	ta på	sig kläderna	i rummet	klockan 7?
Vi undrar	vad	Eva	ofta	brukar	sätta (fram)	—	på bordet	till middag.
Vet ni	vem	som	inte	har	tvättat (av)	bilen	på gatan	idag?
Åke har en bil	som	han	inte	har	tvättat (av)	—	på gatan	idag.
Bilen,	som	Åke	inte	har	tvättat (av)	—	på gatan,	är ny.
Sängen,	där	Åke	—	läser	— (genom)	tidningen	på morgo- nen	är ny.

Bildordbok

Ett vardagsrum
Ett sovrum
Ett badrum
En hall
Ett kök
En matvrå
Mat och dryck
Kläder och tillbehör
Verktyg och andra föremål
Adjektiv
En stad
Natur och fritid
Väderstreck
Människokroppen
Släkttavla
Yrken
Nationalitet

ETT VARDAGSRUM

1 ett askfat -
2 ett barskåp -
3 en bokhyll/a -or
4 en blomkruk/a -or
5 en bordslamp/a -or
6 en duk -ar
7 en (färg)TV -
8 en fåtölj -er
9 en gardin -er
10 ett golv -
11 en golvlamp/a -or
12 en (grammofon)skiv/a -or
13 en kassett -er
14 en matt/a -or
15 en pall -ar
16 en persienn -er
17 ett piano -n
18 en radiator radiatorer
19 en skivspelare -
20 en soff/a -or
21 ett soffbord -
22 ett skrivbord -
23 en stereo(anläggning) -ar
24 ett tak -
25 en taklamp/a -or
26 en tavl/a -or
27 en vas -er

ETT SOVRUM

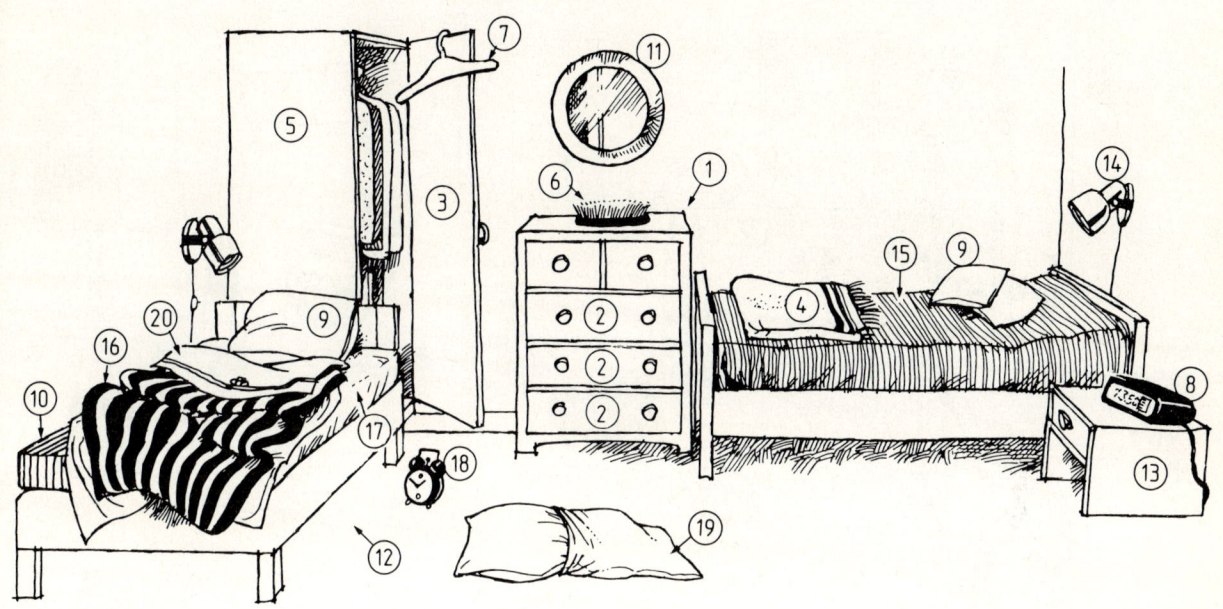

1 en byrå -ar
2 en byrålåd/a -or
3 en dörr -ar
4 en filt -ar
5 en garderob -er
6 en klädborst/e -ar
7 en klädhängare -
8 en klockradio -r
9 en kudd/e -ar
10 en madrass -er
11 en speg/el -lar
12 en säng -ar
13 ett sängbord -
14 en sänglamp/a -or
15 ett sängöverkast -
16 ett täcke -n
17 ett (under)lakan -
18 en väckarklock/a -or
19 ett örngott -
20 ett (över)lakan -

ETT BADRUM

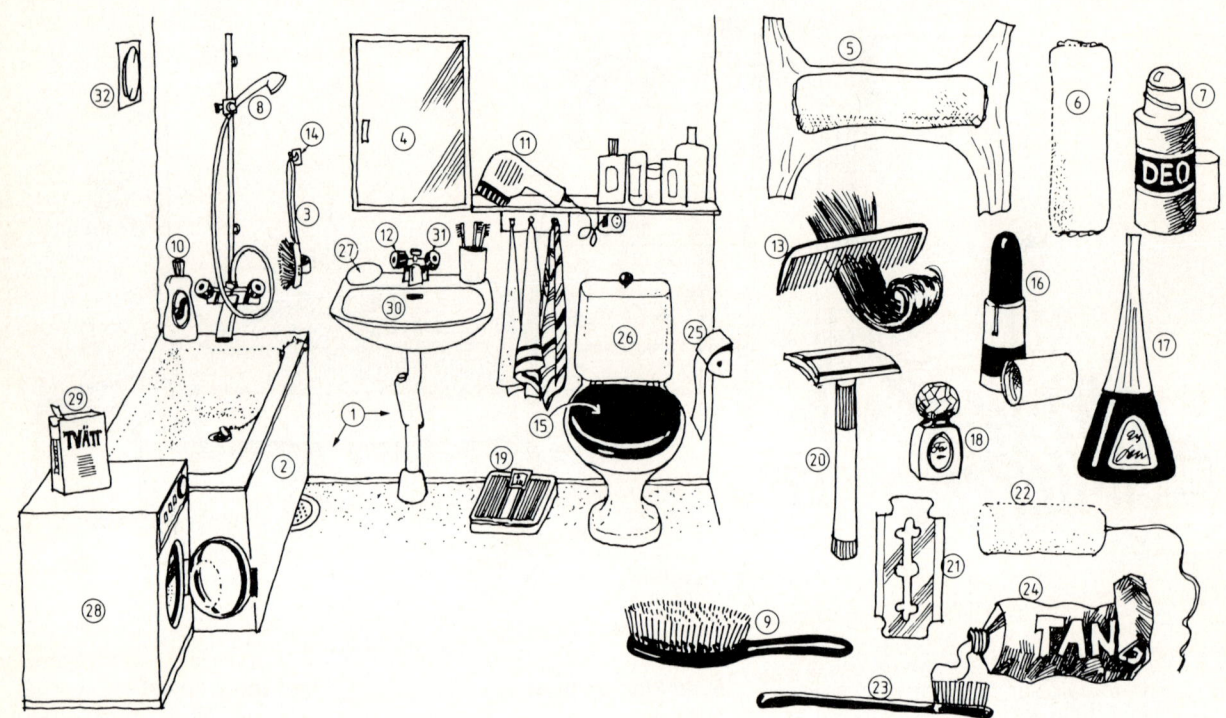

1 ett avlopp -
2 ett badkar -
3 en badborst/e -ar
4 ett badrumsskåp -
5 en blöj/a -or
6 en dambind/a -or
7 en deodorant -er
8 en (hand)dusch -ar
9 en hårborst/e -ar
10 ett (hår)schampo -n
11 en hårtork -ar
12 en (varmvattens)kran -ar
13 en kam -mar
14 en krok -ar
15 ett lock -
16 ett läppstift -
17 ett nagellack -
18 en parfym -er
19 en (person)våg -ar
20 en rakhyv/el -lar
21 ett rakblad -
22 en tampong -er
23 en tandborst/e -ar
24 en tandkräm -er
25 ett toalettpapper -
26 en toalettstol -ar
27 en tvål -ar
28 en tvättmaskin -er
29 ett tvättmedel -
30 ett tvättställ -
31 en (kallvattens)kran -ar
32 en ventil -er

EN HALL

1 en brevlåd/a -or
2 en dörrmatt/a -or
3 en garderob -er
4 en klädhyll/a -or
5 en krok -ar
6 ett lås -
7 en nyck/el -lar
8 en papperskorg -ar
9 ett paraply -er
10 en speg/el -lar
11 en strömbrytare -
12 en telefon -er
13 en telefonkatalog -er
14 en (telefon)lur -ar
15 ett vägguttag -
16 en (ytter)dörr -ar

ETT KÖK

1 en almanack/a -or	15 en grytlapp -ar	29 en kökskniv -ar
2 en dammsugare -	16 en hink -ar	30 en köksmaskin -er
3 en diskborst/e -ar	17 en kaffebryggare -	31 ett (köks)skåp -
4 en diskbänk -ar	18 en kastrull -er	32 ett lock -
5 en diskmaskin -er	19 en kok/bok -böcker	33 en sil -ar
6 ett diskmedel -	20 en konservöppnare -	34 en skyff/el -lar
7 en diskho -ar	21 en korkskruv -ar	35 en slev -ar
8 ett diskställ -	22 en kran -ar	36 en sopborst/e -ar
9 en disktras/a -or	23 en krydd/a -or	37 en spis -ar
10 en filterpås/e -ar	24 ett kylskåp -	38 en stekpann/a -or
11 en flask/a -or	25 en köksbänk -ar	39 en tras/a -or
12 ett frysfack -	26 en spisfläkt -ar	40 ugn -ar
13 ett frysskåp -	27 en kökshandduk -ar	41 en visp -ar
14 en gryt/a -or	28 en köksklock/a -or	

EN MATVRÅ

1 en brick/a -or
2 en brödrost -ar
3 en duk -ar
4 ett fat -
5 en gaff/el -lar
6 ett glas -
7 en kaffekann/a -or
8 en kaffekopp -ar
9 en kniv -ar
10 ett köksbord -
11 en saltströare -
12 en servett -er
13 en sked -ar
14 en sockerskål -ar
15 ett skärbräde -n
16 en tallrik -ar
17 ett tefat -
18 en tekann/a -or
19 en tekopp -ar
20 en tesked -ar
21 en tillbringare -
22 ett underlägg -

MAT OCH DRYCK

(en) mat
1 flingor
2 (en) glass (-ar)
3 (en) marmelad (-er)
4 en ost -ar
5 (ett) smör
6 en smörgås -ar
7 (ett) socker
8 en sopp/a -or
9 ett ägg -

(ett) bröd
10 en bakelse -r
11 en bull/e -ar
12 en kak/a -or
13 (ett) hårt bröd
   (ett) knäckebröd
14 en limp/a -or
   (ett) mjukt bröd
15 ett småfransk/a -or
16 en tårt/a -or
17 ett wienerbröd -

(ett) kött, charkvaror
18 en biff -ar
19 en fläskkotlett -er
20 en korv -ar
21 en kyckling -ar
22 (en) köttfärs
23 en prinskorv -ar
24 (en) skinka (skinkor)

(en) fisk (-ar), (ett) skaldjur -
25 (en burk) ansjovis (-ar)
26 en torsk -ar
27 en räk/a -or
28 en kräft/a -or

grönsaker
29 en gurk/a -or
30 (en) kål
31 en lök -ar
32 en morot morötter
33 (en) potatis (-ar)
34 ett salladshuvud -en
   en sallad
35 en svamp -ar

36 en tomat -er
37 en vitlök -ar
38 ärtor, ärter

(en) frukt (er)
39 en apelsin -er
40 en banan -er
41 en citron -er
42 en jordgubb/e -ar
43 ett körsbär -
44 ett päron -
45 vindruvor
46 ett äpple -n

(en) dryck (-er)
47 (en) fil(mjölk)
48 ett kaffe
49 (en) kaffegrädde
50 en läsk -, en läskedryck -er
51 (en) mjölk
52 en snaps -ar
   (ett) brännvin

203

KLÄDER OCH TILLBEHÖR

herrkläder
1. en regnrock -ar
2. en rock -ar
3. en kostym -er
4. en kavaj -er
5. en skjort/a -or
6. en pullov/er -rar
7. en pyjamas -er
8. en undertröj/a -or
9. en slips -ar
10. badbyxor
11. kalsonger
12. en flug/a -or
13. en (liv)rem -mar

damkläder
14. en kapp/a -or
15. en dräkt -er
16. ett nattlinne -n
17. en klänning -ar
18. en blus -ar
19. en kjol -ar
20. en jump/er -rar
21. en tros/a -or
22. en behå -
23. strumpbyxor
24. ett skärp -

kläder
25. ett förkläde -n
26. en morgonrock -ar
27. en tröj/a -or
28. en jack/a -or
29. (ett par) jeans
30. en möss/a -or
31. en koft/a -or
32. en hatt -ar
33. en halsduk -ar
34. en strump/a -or
35. en sko -r
36. en träsko -r
37. en toff/el -lor
38. en stöv/el -lar
39. en käng/a -or
40. en handsk/e -ar
41. en vant/e -ar

tillbehör
42. ett paraply -er
43. en handväsk/a -or
44. en (armbands)klock/a -or
45. en portfölj -er
46. en börs -ar
47. en plån/bok -böcker
48. ett blixtlås -
49. ett armband -
50. en ring -ar
51. en ärm -ar
52. en fick/a -or
53. en krag/e -ar
54. en knapp -ar
55. ett knapphål -
56. ett halsband -
57. (ett par) glasögon
58. (ett par) solglasögon
59. en näsduk -ar
60. ett örhänge -n

VERKTYG OCH ANDRA FÖREMÅL

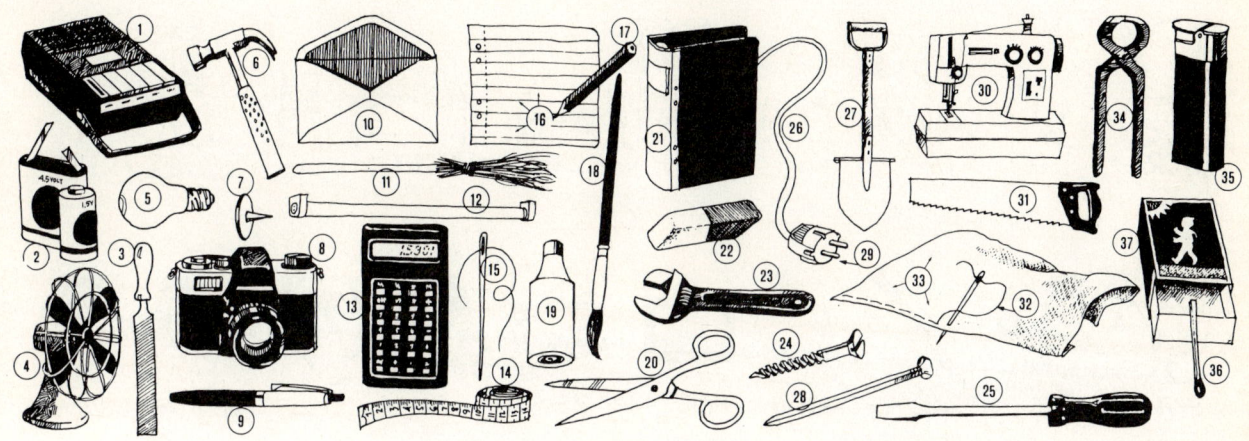

1 en bandspelare -
2 ett batteri -er
3 en fil -ar
4 en fläkt -ar
5 en glödlamp/a -or
6 en hammare -
7 ett häftstift -
8 en kamer/a -or
9 en kulspetspenn/a -or
10 ett kuvert -
11 en kvast -ar
12 ett lysrör -
13 en miniräknare -
14 ett måttband -
15 en nål -ar
16 ett papper -
17 en penn/a -or
18 en pens/el -lar
19 en propp -ar
    en säkring -ar
20 en sax -ar
21 en pärm -ar
22 ett radergummi -n
23 en skiftnyck/el -lar
24 en skruv -ar
25 en skruvmejs/el -lar
26 en sladd -ar
27 en spad/e -ar
28 en spik -ar
29 en stickpropp -ar
30 en symaskin -er
31 en såg -ar
32 en tråd -ar
33 ett tyg -er
34 en tång tänger
35 en tändare -
36 en tändstick/a -or
37 en tändsticksask -ar

ADJEKTIV

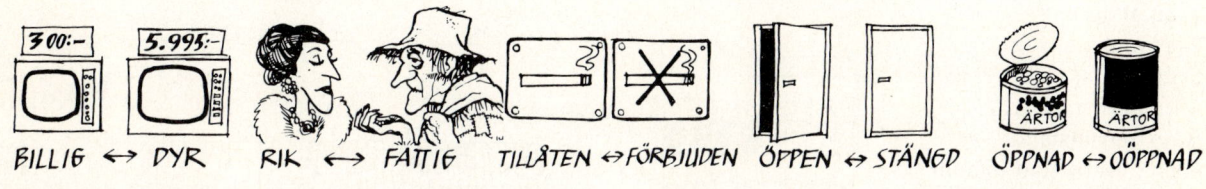

BILLIG ↔ DYR   RIK ↔ FATTIG   TILLÅTEN ↔ FÖRBJUDEN   ÖPPEN ↔ STÄNGD   ÖPPNAD ↔ OÖPPNAD

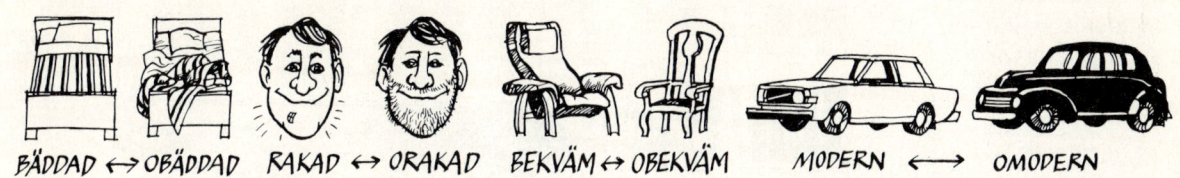

BÄDDAD ↔ OBÄDDAD   RAKAD ↔ ORAKAD   BEKVÄM ↔ OBEKVÄM   MODERN ↔ OMODERN

RUND   OVAL   KVADRATISK   REKTANGULÄR   RANDIG   RUTIG   PRICKIG   BLOMMIG   MÖNSTRAD

HET   VARM   LJUM   SVAL   KYLIG   KALL

EN STAD

1 en affär -er
2 en ambulans -er
3 ett apotek -
4 en barnvagn -ar
5 en bensinstation -er
6 en bilverk/stad -städer
7 en bio(graf) biografer
8 en bokhand/el -lar
9 en blomsteraffär -er
10 en brevlåd/a -or
11 en buss -ar
12 en bänk -ar
13 en damm -ar
14 en cyk/el -lar
15 en fabrik -er
16 en fil -er
17 en färj/a -or
18 en gat/a -or
19 en gatukorsning -ar
20 ett gatukök -
21 en hamn -ar
22 ett hotell -
23 en järnvägsstation -er
24 en kafeteri/a -or
25 en kiosk -er
26 en kyrk/a -or
27 ett kvarter -
28 en lastbil -ar
29 en lekplats -er
30 en livsmedelsaffär -er
31 en moped -er
32 en motorcyk/el -lar
33 en möbelaffär -er
34 en park -er
35 en parkeringsmätare -
36 en parkeringsplats -er
37 en perrong -er
38 en (person)bil -ar
39 ett postkontor -
40 en saluhall -ar
41 ett skyltfönster -
42 en skåpbil -ar

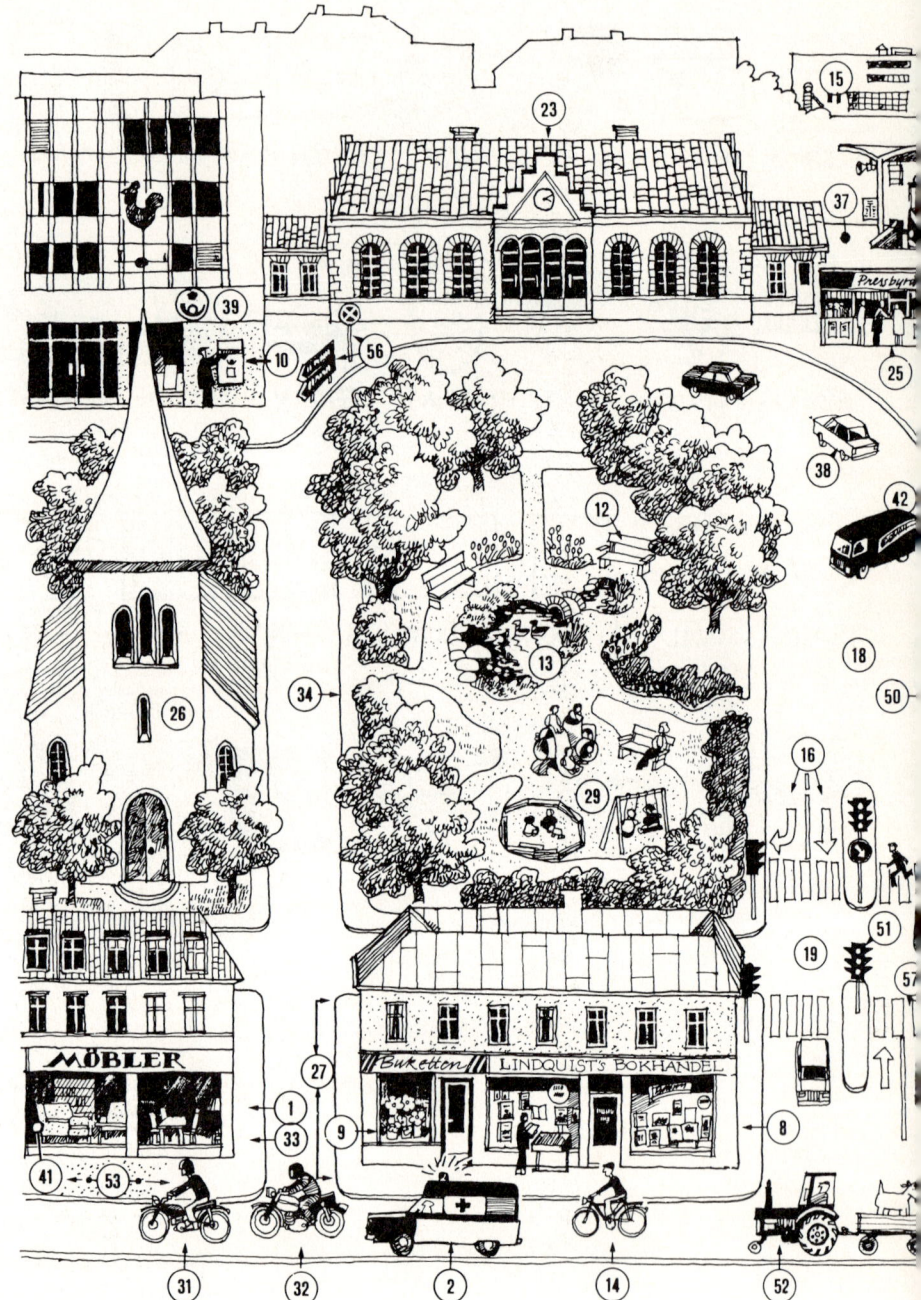

43 ett snabbköp -
44 ett spår -
45 en spårvagn -ar
46 ett stånd -
47 en taxi -
48 en telefonhytt -er
49 en tobaksaffär -er
50 ett torg -
51 ett trafikljus -
52 en traktor traktorer
53 en trottoar -er
54 ett tåg -
55 ett varuhus -
56 ett vägmärke -n
57 ett övergångsställe -n

NATUR OCH FRITID

1 en back/e -ar
2 en (bad)strand stränder
3 en badplats -er
4 en bastu -r
5 ett berg -
6 en björn -ar
7 ett blad -
8 en blomm/a -or
9 en boll -ar
10 en brygg/a -or
11 en busk/e -ar
12 en bäck -ar
13 en campingplats -er
14 en cirkus -ar
15 en dal -ar
16 (en) dimma
17 ett fjäll -
18 en fotboll -ar
19 en get getter
20 en gran -ar
21 en gren -ar
22 en gris -ar
23 (ett) gräs
24 (en) himmel
25 en husvagn -ar
26 en häst -ar
27 en hön/a -or, höns
28 (en) is
29 en kanin -er
30 en katt -er
31 en kattung/e -ar
32 en klipp/a -or
33 en ko -r
34 en kyckling -ar
35 en kälk/e -ar
36 ett lamm -
37 ett landskap -
38 en maj/stång -stänger
39 ett moln -
40 en mus möss
41 en mygg/a -or, mygg
42 en mån/e -ar
43 en orm -ar
44 (ett) regn
45 en ren -ar

46 en roddbåt -ar
47 en segelbåt -ar
48 (en skida) skidor
49 (en skridsko) skridskor
50 en sol -ar
51 en (sommar)stug/a -or
52 en sjö -ar
53 en skog -ar
54 en skärgård -ar
55 (en) snö
56 en stig -ar
57 en stjärn/a -or
58 ett träd -
59 ett tält -
60 en vik -ar
61 en vind -ar
62 en väg -ar
63 en åk/er -rar
64 en älg -ar
65 en äng -ar
66 en å åar
67 en ö öar

211

VÄDERSTRECK

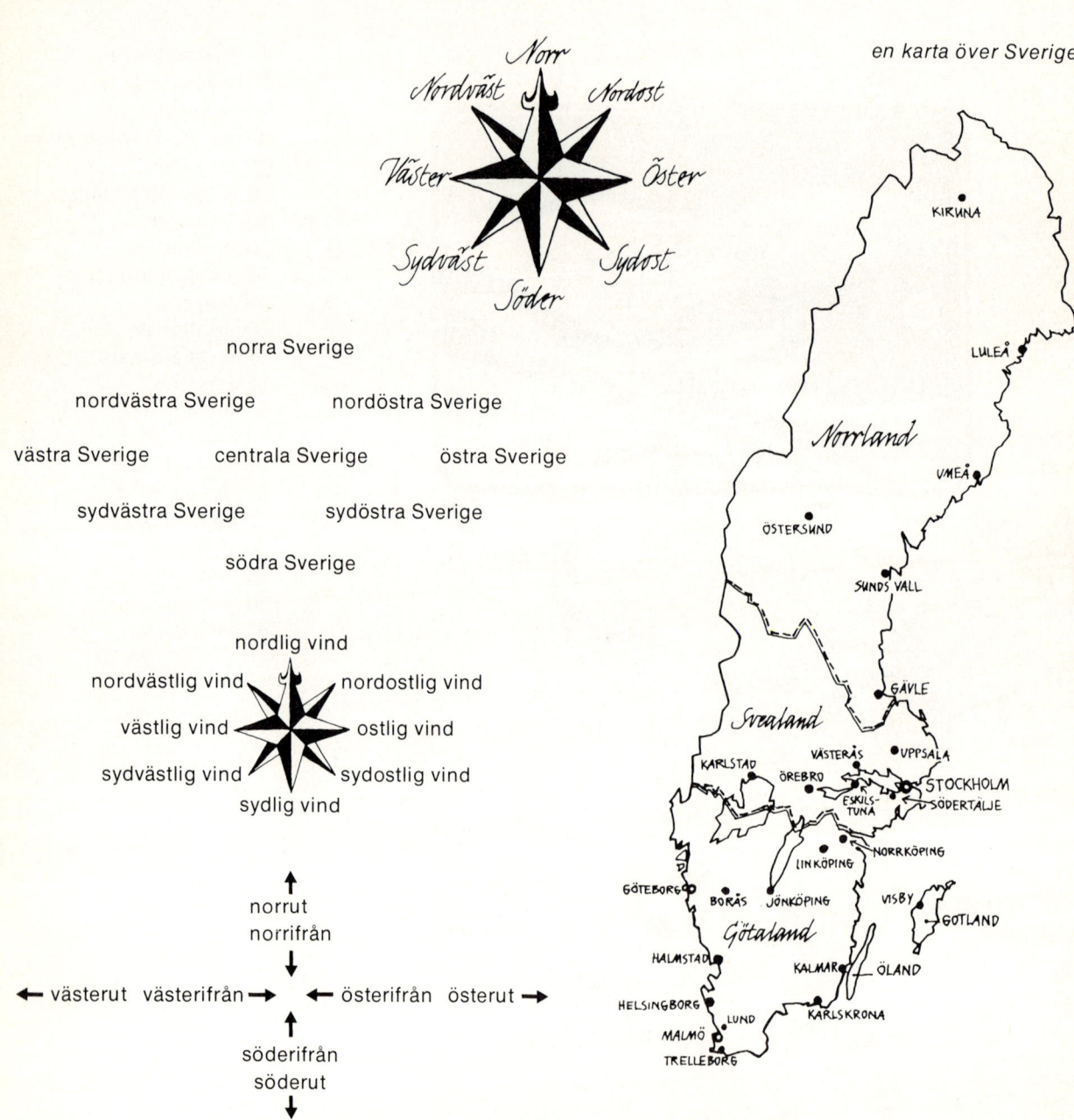

en karta över Sverige

norra Sverige

nordvästra Sverige   nordöstra Sverige

västra Sverige   centrala Sverige   östra Sverige

sydvästra Sverige   sydöstra Sverige

södra Sverige

nordlig vind
nordvästlig vind   nordostlig vind
västlig vind   ostlig vind
sydvästlig vind   sydostlig vind
sydlig vind

↑
norrut
norrifrån

← västerut   västerifrån →   ← österifrån   österut →

↑
söderifrån
söderut
↓

Kiruna ligger **i norr**. Kiruna ligger **i norra** Sverige. Kiruna är en **nordlig** stad.
Italien ligger **i söder**. Italien ligger i **södra** Europa. Italien är ett **sydligt** land.
Sundsvall ligger **norr om** Gävle. Gävle ligger **söder om** Sundsvall.
Tåget går från Malmö till Stockholm. Tåget går **norrut**.
Paolo kommer från Italien. Han kommer **söderifrån**.

MÄNNISKOKROPPEN

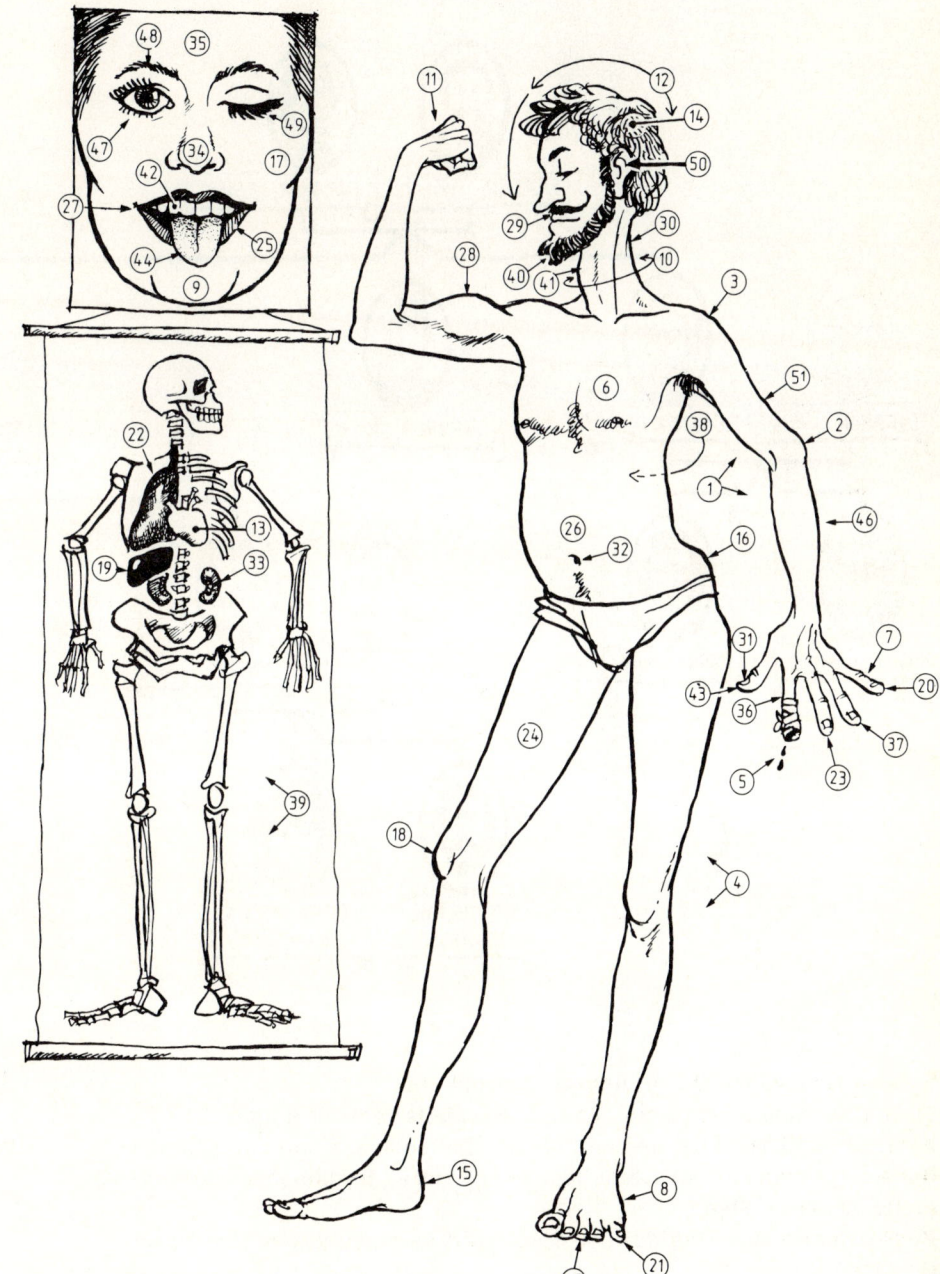

1 en arm -ar
2 en armbåg/e -ar
3 en ax/el -lar
4 ett ben -
5 (ett) blod -
6 ett bröst -
7 ett fing/er -rar
8 en fot fötter
9 en hak/a -or
10 en hals -ar
11 en hand händer
12 ett hår (-)
13 ett hjärta -n
14 ett huvud -
15 en häl -ar
16 en höft -er
17 en kind -er
18 ett knä -n
19 en lev/er -rar
20 ett lillfing/er -rar
21 en lilltå -r
22 en lung/a -or
23 ett långfing/er -rar
24 ett lår -
25 en läpp -ar
26 en mag/e -ar
27 en mun -nar
28 en musk/el -ler
29 en mustasch -er
30 en nack/e -ar
31 en nag/el -lar
32 en nav/el -lar
33 en njur/e -ar
34 en näs/a -or
35 en pann/a -or
36 ett pekfing/er -rar
37 ett ringfing/er -rar
38 en rygg -ar
39 ett skelett -
40 ett skägg -
41 en strup/e -ar
42 en tand tänder
43 en tumm/e -ar
44 en tung/a -or
45 en tå -r
46 en underarm -ar
47 ett öga ögon
48 ett ögonbryn -
49 en ögonfrans -ar
50 ett öra öron
51 en överarm -ar

EN SLÄKTTAVLA ÖVER EN SLÄKT MED 35 SLÄKTINGAR I FEM GENERATIONER

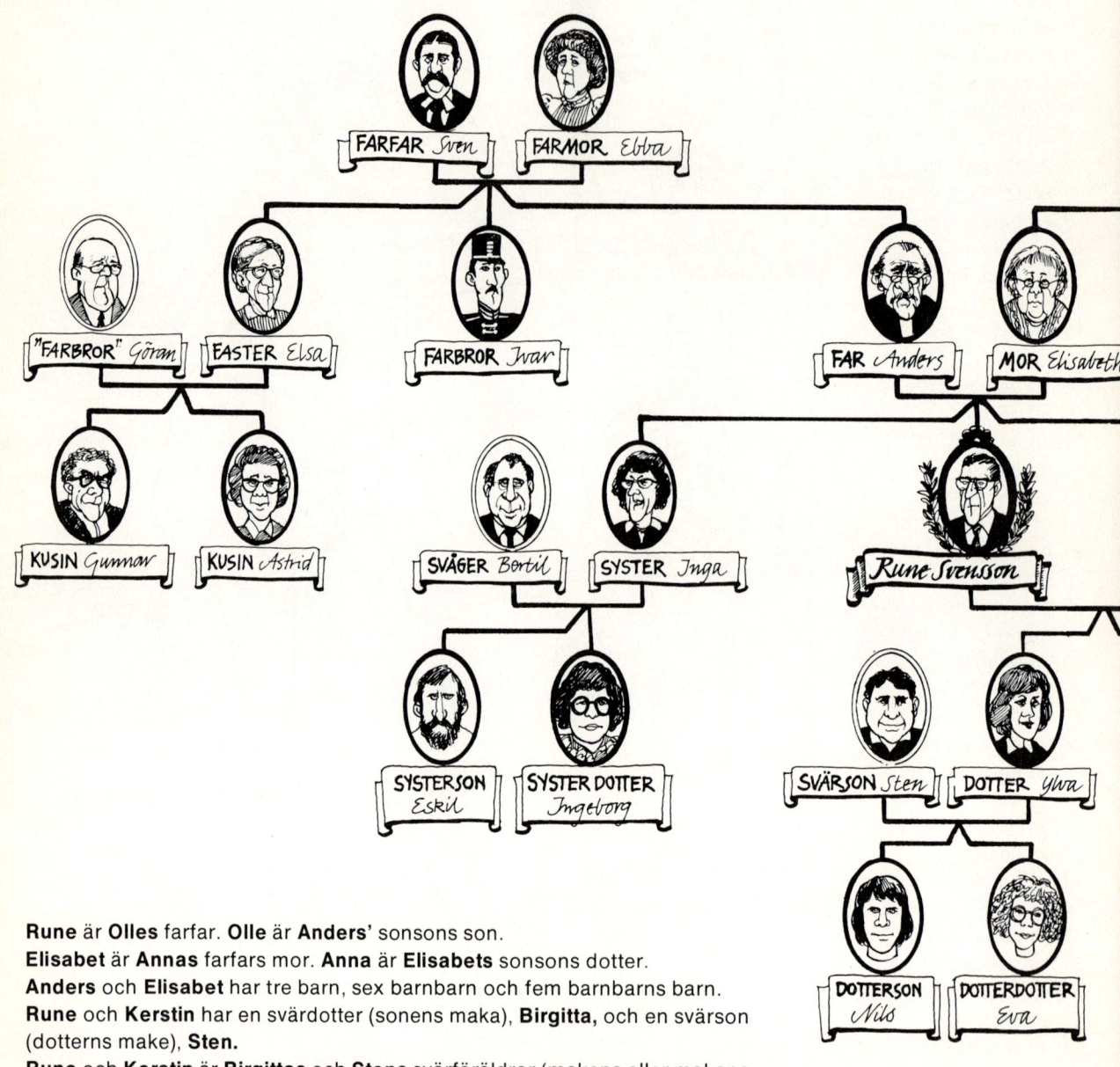

Rune är Olles farfar. Olle är Anders' sonsons son.
Elisabet är Annas farfars mor. Anna är Elisabets sonsons dotter.
Anders och Elisabet har tre barn, sex barnbarn och fem barnbarns barn.
Rune och Kerstin har en svärdotter (sonens maka), Birgitta, och en svärson (dotterns make), Sten.
Rune och Kerstin är Birgittas och Stens svärföräldrar (makens eller makans föräldrar).
Börje är Kerstins svåger (makens bror). Inga är Kerstins svägerska (makens syster). Bertil är Runes svåger (systerns make).
Anita är Runes svägerska (broderns maka). Bertil är Kerstins svåger (makens systers man). Anita är Kerstins svägerska (makens broders fru).

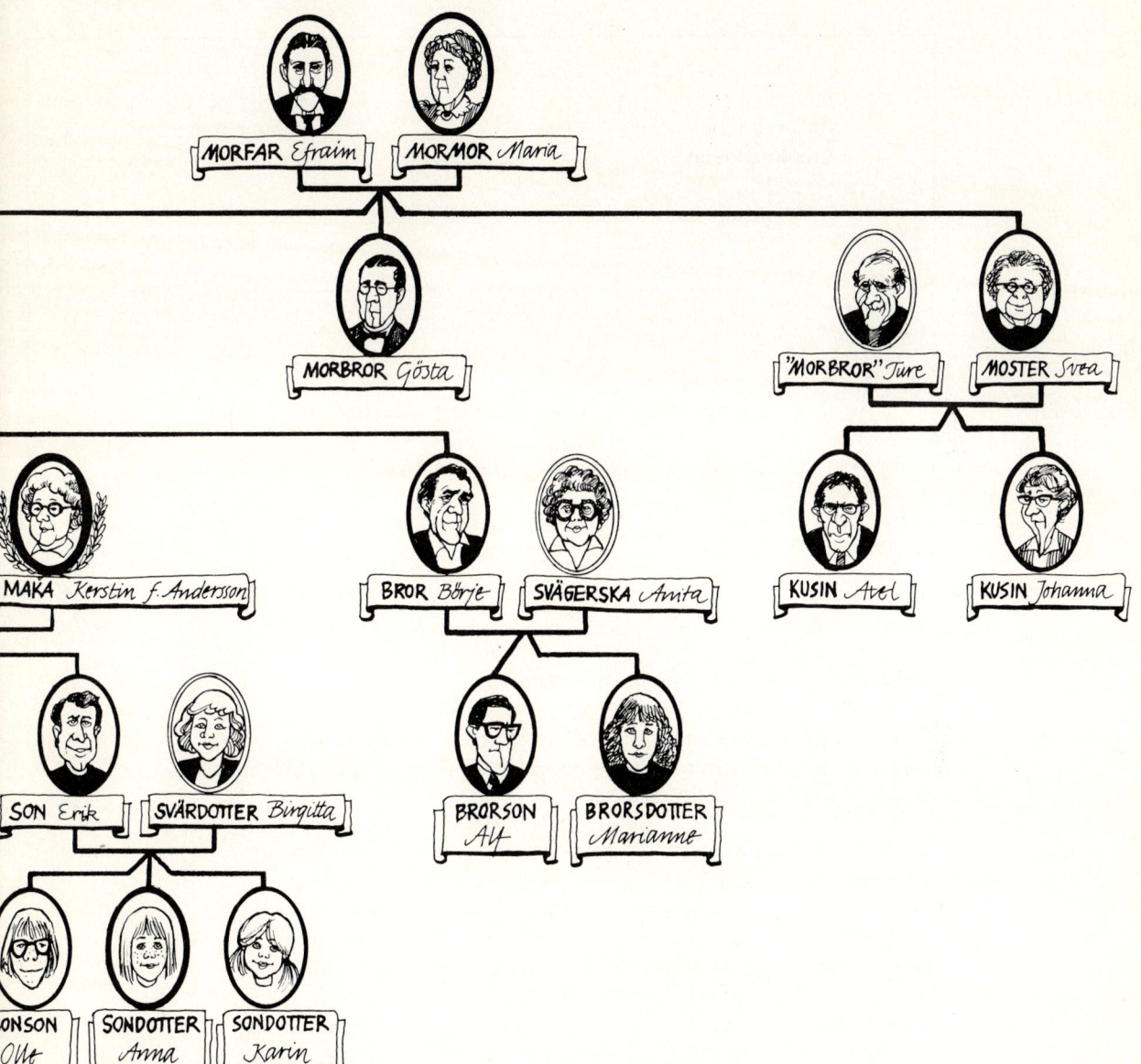

SLÄKTORD

En familj

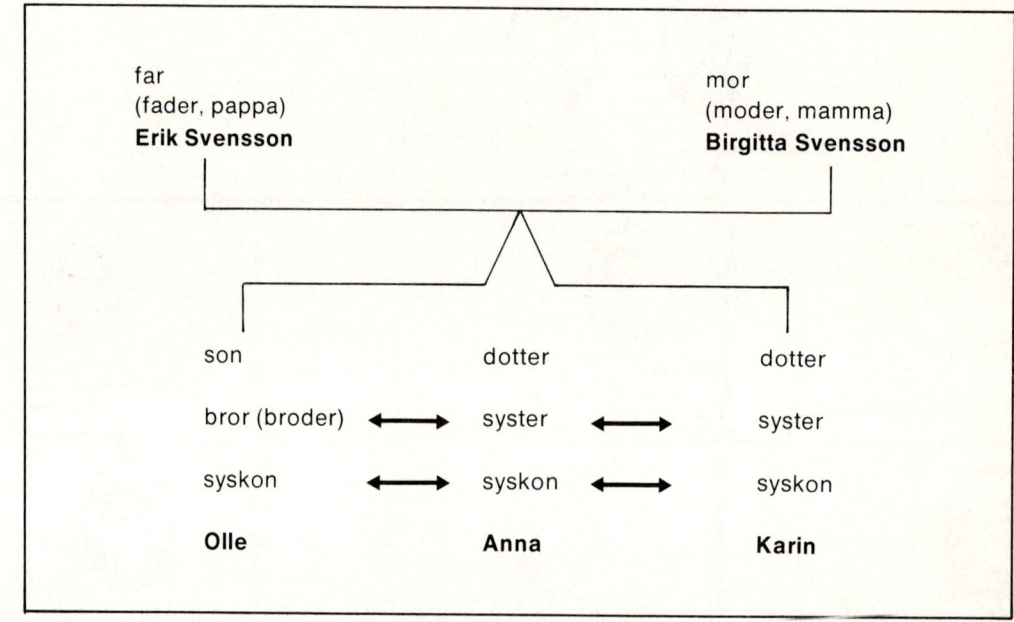

två föräldrar	far (fader, pappa) **Erik Svensson**		mor (moder, mamma) **Birgitta Svensson**
tre barn	son	dotter	dotter
tre syskon	bror (broder) ⟷	syster ⟷	syster
	syskon ⟷	syskon ⟷	syskon
	Olle	**Anna**	**Karin**

Erik har en maka (en fru, en hustru): **Birgitta**.
Birgitta har en make (en man): **Erik**.
Makarna (paret) **Svensson** har tre barn, en son och två döttrar.
Olle har två syskon, två systrar. **Anna** har två syskon, en bror och en syster.

en släkt	släkten	släkter	släkterna
en släkting	släktingen	släktingar	släktingarna
en familj	familjen	familjer	familjerna
en förälder	föräldern	föräldrar	föräldrarna
en far	fadern	fäder	fäderna
en mor	modern	mödrar	mödrarna
ett barn	barnet	barn	barnen
ett syskon	syskonet	syskon	syskonen
en son	sonen	söner	sönerna
en dotter	dottern	döttrar	döttrarna
en kusin	kusinen	kusiner	kusinerna
en farbror	farbrodern	farbröder	farbröderna
en faster	fastern	fastrar	fastrarna
en moster	mostern	mostrar	mostrarna

YRKEN

1	en bilmekaniker - en montör -er	9	en flygvärdinn/a -or	17	en sekreterare - en kontorist -er
2	en bonde bönder en lantbrukare -	10 11	en kock -ar en metallarbetare - (en svetsare -)	18 19	en servitris -er en snickare -
3	en brevbärare -	12	en murare -	20	en sjuksköterrsk/a -or
4	en expedit -er	13	en musiker - (en gitarrist -er)	21	en trafikflygare - en pilot -er
5	en försäljare -	14	en polis -er	22	en tulltjänste/man -män
6	en kassörsk/a -or	15	en postexpeditör -er	23	en städare -
7	en läkare - en doktor doktorer	16	en präst -er		(en städersk/a -or) en lokalvårdare -
8	en lärare -				

NATIONALITET

land	man el. medborgare	kvinna	språk	adjektiv
Sverige	en svensk flera svenskar	en svenska flera svenskor	svenska	svensk

Albanien	alban -er	albanska	albanska	albansk
Argentina	argentinare -	argentinska	(sydamerikansk) spanska	argentinsk
Belgien	belgier -	belgiska	franska, flamländska	belgisk
Bolivia	bolivian -er	bolivianska	spanska, quechua	boliviansk
Bosnien (-Hercegovina)	bosnier -	bosniska	serbokroatiska	bosnisk
Brasilien	brasilianare -	brasilianska	portugisiska	brasiliansk
Bulgarien	bulgar -er	bulgariska	bulgariska	bulgarisk
Canada	kanadensare -	kanadensiska	engelska, franska	kanadensisk
Chile	chilenare -	chilenska	spanska	chilensk
Danmark	dansk -ar	danska	danska	dansk
Estland	est -er	estniska	estniska	estnisk
Finland	finländare -	finländska	finska, svenska	fin(länd)sk
Frankrike	frans/man -män	fransyska	franska	fransk
Förenta Staterna, USA	amerikan -er	amerikanska	(amerikansk) engelska	amerikansk
Grekland	grek -er	grekinna, grekiska	grekiska	grekisk
Indien	indier -	indiska	hindi, tamil m.fl.	indisk
Iran	iranier -	iranska	persiska m.fl.	iransk
Island	islänning -ar	isländska	isländska	isländsk
Italien	italienare	italienska	italienska	italiensk
Japan	japan -er	japanska	japanska	japansk
Jugoslavien	jugoslav -er	jugoslaviska	serbokroatiska m.fl.	jugoslavisk
Kina	kines -er	kinesiska	kinesiska	kinesisk
Kroatien	kroat -er	kroatiska	kroatiska	kroatisk
Lettland	lett -er	lettiska	lettiska	lettisk
Litauen	litauer -	litauiska	litauiska	litauisk
Makedonien	makedonier -	makedonska	makedonska	makedonsk
Holland	holländare -	holländska	holländska	holländsk
Nederländerna	nederländare -	nederländska	nederländska	nederländsk
Norge	norr/man -män	norska	norska	norsk
Pakistan	pakistanare -	pakistanska	urdu	pakistansk
Polen	polack -er	polska	polska	polsk
Portugal	portugis -er	portugisiska	portugisiska	portugisisk
Rumänien	rumän -er	rumänska	rumänska	rumänsk
Ryssland	ryss -ar	ryska	ryska	rysk
Schweiz	schweizare -	schweiziska	tyska, franska m.fl.	schweizisk
Serbien	serb -er	serbiska	serbokroatiska	serbisk

land	man el. medborgare	kvinna	språk	adjektiv
Slovakien	slovak -er	slovakiska	slovakiska	slovakisk
Slovenien	sloven -er	slovenska	slovenska	slovensk
Spanien	spanjor -er	spanjorska	spanska	spansk
England, Storbritannien	engels/man -män	engelska	engelska	engelsk
Thailand	thailändare -	thailändska	thai	thailändsk
Tjeckien	tjeck -er	tjeckiska	tjeckiska	tjeckisk
Turkiet	turk -ar	turkinna, turkiska	turkiska	turkisk
Tyskland	tysk -ar	tyska	tyska	tysk
Ukraina	ukrainare -	ukrainska	ukrainska	ukrainsk
Ungern	ungrare -	ungerska	ungerska	ungersk
Uruguay	uruguayare -	uruguayska	spanska	uruguaysk
Vietnam	vietnames -er	vietnamesiska	vietnamesiska	vietnamesisk
Vitryssland	vitryss -ar	vitryska	vitryska	vitrysk
Österrike	österrikare -	österrikiska	tyska	österrikisk

Världsdelar

Afrika	afrikan	afrikanska		afrikansk
Asien	asiat -er			asiatisk
Australien	australier -	australiska	engelska	australisk
Europa	europé -er	europeiska		europeisk
(Nord)Amerika	(nord)amerikan -er	(nord)amerikanska		(nord)amerikan
Sydamerika	sydamerikan -er	sydamerikanska		sydamerikansk

SÅ SÄGER MAN

för att:

hälsa	Hej! Hej på dig! Hallå! Goddag! God morgon! God kväll! Hur är det? Hur står det till? Hur är det med . . . ?
tilltala någon	Du! Du Åke! Ingenjören! Ingenjör Svensson! Herr/Fru/Fröken Svensson!
säga adjö	Hej! Hej då! Adjö! Adjö då! God natt! God jul! God fortsättning! Trevlig midsommar! Trevlig helg! Lycka till (med . . .)! Ha det så bra! Trevlig resa! Hälsa till . . .! Vi ses (i morgon)!
inleda ett samtal	Jag kommer/ringer på grund av/med anledning av . . . Det är så att . . . Det gäller . . .
presentera sig	Jag heter . . . Mitt namn är . . . Jag kommer från . . . Det här är . . .
begära presentation	Vad heter du? Hur var namnet? Vem är det (jag talar med)? Finns det legitimation? Vem får jag hälsa från?
presentera någon	Det här är . . . Får jag presentera . . .
tala om att man förstår	Ja. Jo. Jaså. Jaha. Javisst. Jadå. Jodå. Nej. Nejdå. Säger du det! Oj då! Just det! Inte alls! Jag förstår.

tala om att man inte förstår	Förlåt! Ursäkta? Hur sa? Vad sa du?
kontrollera att någon förstår	Eller hur? Inte sant?
begära förtydligande	Vilken/vem/hur/när/var då? Vad/hur menar du?
uttrycka samma åsikt	Ja. Ja, just det. Javisst. Ja, absolut. Just precis. Ja. det tycker/tror jag också. Ja, så är det.
uttrycka annan åsikt	Nej. Nejdå! Inte alls! Absolut inte! Visst inte! Nej, det tycker/tror jag inte. Nej, säg inte det!
be om något	Kan jag få...? Får jag...? Skulle jag kunna få...? Jag skulle vilja ha...! Vill du vara (så) snäll och... Skulle du vilja...
be om upplysning	Förlåt, kan ni säga mig... Skulle du kunna säga... Skulle du vilja visa mig...
tillåta	Du får gärna... Det är bra. Det går bra att...
förbjuda	Du får inte... Du ska inte... Var snäll och... inte!
föreslå något	Jag föreslår att vi... Jag tycker du/vi ska... Kan vi inte... Låt mig/oss... Vad säger du/ni om att... Det är bäst att...
uttrycka förvåning	Va! Verkligen? Tänka sig! Är det möjligt? Det menar du inte!
uttrycka ointresse	Det spelar ingen roll! Det gör detsamma! Än sen då!
få någon att vänta	(Vill du/ni) vänta lite! Ett ögonblick! Tyst!
tillägga något	(Jo) förresten... På tal om...
(in)bjuda eller erbjuda	Varsågod (och...)! Välkommen! Skål! Får jag bjuda på...
tacka för något	Tack (så mycket)! Ja (tack). Tack ska du ha! (Hjärtligt) tack för... Tack det samma! Tack för senast! Tack för maten!
tacka nej till	Nej tack! (Nej) tack men... Tyvärr (inte men...) Nej...
svara någon som tackar	Varsågod! För all del! Ingen orsak!
be om ursäkt	Förlåt (mig)! Ursäkta (mig?) Jag är ledsen att/men... Jag ber så mycket om ursäkt för att jag...
svara någon som ber om ursäkt	För all del! Ingen orsak! Det gör ingenting!
varna någon	Akta dig (för/för att)... Glöm inte att...! Se upp! Ta det lugnt!
gratulera	(Jag) gratulerar till/på... Grattis (till/på)... Det var roligt att höra!
beklaga	Det var synd att... Så tråkigt! Det var tråkigt att höra!

Alfabetisk ordlista

Siffra anger avsnitt, I introduktionen, G grammatikdelen, B bildordboken och Ö övningsboken.

A

abonnentnummer G
AB 75
absolut 38
accent I
adjektiv 13
adjö I
adress I
adressat 13
adverb G
adverbbildning G
affisch 36
affär 6
affärskontakt 62
affärssamtal 62
Afrika B
afrikan B
afrikansk B
afrikanska B
agent 66
akta sig 27
aktiebolag 75
aktiv 66
alarmknapp 58
alban B
Albanien B
albansk B
albanska B
album 24
aldrig 21
alfabet I
all: för all del 5; 61
alla 23
alla: i alla fall 21; 59
alldeles 43
allemansrätten 73
allmän 75
allmän tilläggspension 75
allra 61
alls 56
allt 12
alltid 24
allting 23
alltså 39
almanacka 13
ambulans 72
Amerika B
amerikan 75
amerikansk 15
amerikanska B
AMS 75
andas 51
andra 2; 24
andra: den andra 15
ange 64
annandag jul 44
annandag pingst 44
annandag påsk 44
annanstans 30
annat: något annat? 6
ansjovis 32
ansjovisfilé 32
ansjovisgratäng 32
ansträngande 60
anställd 60
ansvar 69
anteckna 16
anteckningsblock 16
antenn 11
använda G

användning G
apa I
apelsin B
apotek 56
apparat 65
april 13
arbeta I
arbete 4
arbetsam 69
arbetsdag 35
arbetsförmedling 49
arbetskamrat 38
arbetsliv 69
Arbetsmarknadsstyrelsen 75
arbetsplats
arbetsrum B
arbetstid 11
arg 43
Argentina B
argentinare B
argentinsk B
argentinska B
arkeologi 33
arm 48
armband 48
armbandsklocka 48
armbåge B
artig 40
artikel 12; 22
arton 2
artonde 13
asiat B
asiatisk B
asiatiska B
Asien B
ask 56
askfat B
Atlanten 10
ATP 75
att 5; 6
augusti 13
Australien B
australier B
australisk B
australiska B
av 6
avbruten 65
avdelning 22
avlopp B
avlång 16
avsikt 57
avsluta 56
avsnitt 1
avstängd 64
avundas 51
axel B

B

backe B
bad 62
bada 7
badborste B
badbyxor B
baddräkt 63
badkar 9
badplats B
badrum 2

badrumsskåp B
badsemester 63
badstrand B
bagage 73
bak 8
baka 21
bakelse B
baklänges 58
bakom 15
bakomvarande 60
bakpulver 66
balett 12
balkong 2
banan B
bandspelare B
Bangkok 68
bank 11
banktjänsteman 69
banta 32
bara I
bara bra 18
barn 1
barnbarn 24
barnbidrag 61
barndaghem 36
barnfamilj 3
barnrum B
barnvagn 48
barnvakt 8
barskåp B
bastu B
batteri 22
be 6
be om 6
befintlighet 16
begagnad 45
behov 67
behå B
behålla 75
behöva 20; 37
behövas: det behövs 67
bekant 18
bekväm 3
Belgien B
belgier B
belgisk B
belgiska B
Belgrad 10
belåten 61
ben 72
bensin
bensinkostnad 60
bensinpris Ö 75
bensinstation B
berg 16
bero på 67
berätta 16
besiktning 41
beskriva 72
beskrivning 72
bestå av 3
beställa 26
bestämd form 3
bestämma 42
bestämma sig för 29
bestämt 42
betala 6
betala in 74
betona 44
betonad 61

betyda 23; 59
betydelse 50
bibliotek 16
bidrag Ö 75
biff B
bil 4
bild 13
bilda 72
bilda familj 51
bilda hushåll 74
bildordbok B
biljett 48
biljettlucka 48
bilkörning 20
billig 14
bilmekaniker I
bilmekanisk verkstad 56
bilnyckel 71
bilolycka 71
bilprovning 41
bilskola 20
bilverkstad 3
binda G
bindestreck 26
bio 19
biobesök 31
biobesökare 39
bisats 27
bit 6; 51
bita G
bitti: i morgon bitti 54
bjuda 44
björn B
bl.a. 75
blad B
bland 42
bland annat 63
blanda i 66
blankett 74
blekmedel 53
bli 8
bli: bli av 69
bli: det blir 6
blinka 23
blivande 60
blixtlås B
blixtra: det blixtrar 21
blod B
blombukett 55
blomkruka 11
blomlåda B
blomma 14
blommig B
blomsteraffär 59
blond 14
blus B
blå 13
blåsa: det blåser 21
blåsig 44
blöja B
bo I
bok I
bokhandel B
bokhylla 15
bokstav I
bokstaveringsalfabet I
bolag Ö 75
Bolivia B
bolivian B
boliviansk B

bolivianska B
boll 12
bomull 53
bonde B
bord 11
bordslampa B
borsta 25
borste 75
bort 16
borta 16
bortifrån 27
Borås 23
bosatt 75
Bosnien B
bosnier B
bosnisk B
bosniska B
bostad 70
bostadsbidrag 74
bostadsförmedling Ö 75
bottenvåning 3
bra 6
bra: det går bra 6
bra: ha det så bra 45
brasilianare B
brasiliansk B
brasilianska B
Brasilien B
bre 23
bred 14
bredvid 22
brev 13
brevbärare B
brevlåda 48
bricka 23
brinna G
bro 11
bror 7
brorsdotter B
brorson B
bruka 12
brun 37
brunn 73
brutalt 72
bruttoinkomst 74
bry sig om 27
brygga 73
bryta 72
bryta av 65
bråka 27
bråktal 74
brås 51
brännvin B
bröa 66
bröd 32
brödrost B
brödsmulor 28
bröst B
bröstvidd 61
budget 74
bukett Ö 75
bulgar B
Bulgarien B
bulgarisk B
bulgariska B
bulle 34
bur 28
burk 32
buske B
buss 4

221

bussbiljett Ö 75
busshållplats 4
by 16
bygga 4
bygge 7
byrå 11
byrålåda B
byst 61
bystmått 61
byta 35
byta om 35
byxa 43
båda 60
både...och 9
bäck B
bädda 25
bäddad B
bänk B
bär 73
bära G
bära in 47
bärgningsbil 71
bäst: tycka bäst om 31
bättringsvägen 56
böjning 33
böra G
början 5
början: från början 70
början: i början av 29
börs B

C

campingplats B
Canada B
Centerpartiet 36
centiliter 32
centilong 61
centimeter 32
central B
centrifug B
centrum 62
charkvaror B
charm 40
charmig 40
charterresa 70
chaufför Ö 75
check I
Chile B
chilenare B
chilensk B
chilenska B
chock I
choklad 23
chokladpudding 32
cigarett
cirka 74
cirkus B
citationstecken 10
citron 66
citronskal 66
cl 32
cm 32
cowboyhatt 36
cykel 4
cykelställ B
cykla 4

D

dag 4
dagbok G
"Dagens bok"-förlaget 26
Dagens Nyheter 75

daghem I
dagis 8
dags: hur dags? 52
dal B
dam I
dambinda B
damen 26
damkläder B
damkonfektion 61
damm B
dammsuga 35
dammsugare 39
damtidning 12
Danmark B
dans 12; 51
dansa 12
dansk 75
danska B
dansrestaurang 40
datum I
de 1; 61
de där 61
de här 61
december 13
deckare 33
deciliter 22
decimeter 32
deklarera 73
deklaration Ö 75
deklarationsblankett 74
deklination 11
del 60
del: en hel del 46
del: för all del 5; 61
dela upp 35
delat med 2
delta i 70
deltidsarbete Ö 75
dem 24
demonstrativa pronomen 10
den 1; 61
den där 61
den här 61
denna 45
deodorant B
deponens 50
deras 12
dess 12
dessa 45
dessert 32
det 1; 61
det där 10; 61
det här 10; 61
determinativa pronomen 62
detsamma: tack detsamma 44
detsamma: med detsamma 53
detta 23
dialog 1
dig 23
dimma B
din ditt dina 12
direkt 68
direkt tal 27
disk 22; 35
diska 7
diskborste B
diskbänk 11
diskho B
diskmaskin 49
diskmedel B
diskotek 51
diskställ B
disktrasa B
diskutera 37

distriktsläkare 56
dit 5; 62
djur 28
dl 32
dm 32
DN 75
doktor B
domkyrka 50
Domus 10
dotter 3
dotterdotter B
dotterson B
dra(g)a G
dra för 65
dra ner 65
dra upp 44
dra ut 64
draperi 11
dricka 31
dricka ur 65
dricks 62
dropptorka 53
dryck B
drygt 59
dräkt B
dröja 26
dröja länge 70
drömma 8
du 1
dubbel 14
duk 11
duka 7
duka av 7
duktig 10
dum 28
dusch 44
duscha 25
dvs. 75
dygn 8
dylikt: och dylikt 75
dyr 14
då 5; 10
då och då 60
dålig 14
dåtid 55
där 8; 9
däremot 63
därför 54
därför att 54
därifrån 27
dö G
död 14
döpa 40
dörr 26
dörrmatta B

E

efter I
efterled 48
eftermiddag I
eftermiddagskaffe 46
efternamn 11
efterrätt 32
eftersom 24
efteråt 62
egenskap 64
egentligen 29
ej 26
ek I
ekonomi 33
ekonomisk 74
eld: göra upp eld 73
elegant 62
elektricitet 67

elektrisk 22
elfte 11
eller 2
eller hur? 33
eller: varken...eller 30
elva 2
emedan 54
emellan 46
emfatisk omskrivning 70
emot: mitt emot 15
en 1; 73
ena: den ena...den andra 15
endast 53
engelsk B
engelska 5; B
engelsman 75
England 10
enkel 14
enkelrum 62
enkrona 6
en-ord G
ens 73
ensam 28
enstavig 11
er 24
er ert era 12
erbjudande 26
est B
Estland B
estnisk B
estniska B
et cetera 75
etc. 75
ett 1
ett-ord G
Europa 1
europé B
europeisk B
europeiska B
eventuellt 49
exempel: till exempel 42
expedit 6
exportera 60
Expressen 6
extra 14; 59

F

f. 75
fabrik 11
facklitteratur 33
fader B
faktiskt 19
fall: i alla fall 21; 59
fall: i andra fall 63
falla 48
falla för 40
familj 1
fantastisk 26
far 3
farbror 23; B
farfar B
farlig 33
farmor 42
faster B
fastna 43
fastsydd 65
fastän 69
fat 11
fatt: hur år det fatt? 56
fattas 51
fattig 61
feber 56
februari 13

fel 37
fel: komma fel 50
fem 1
femhundralapp 6
femkrona 6
femte 5
femtilapp 6
femtio 2
femtionde 13
femtioöring 6
femton 2
femtonde 13
fest 32
ficka Ö 75
fickpengar 59
fil B
film 33
filmjölk 34
filmrulle 24
filosofi 33
filt B
filterpåse B
fin 13
finger 48
Finland B
finländare 75
finländsk B
finländska B
finna 70
finnas 22
finnas: det finns 3
finsk B
finska B
fira 44
firma 62
fisk 43
fiska 29
fjol: i fjol 29
fjorton 2
fjortonde 13
fjäll 63
fjärde 4
flagga 44
flamländska B
flaska 46
flera 36
flerstavig I
flicka 1
flickcykel Ö 75
flicknamn I
flickrum 45
flickvän Ö 75
flingor 34
flitig 28
flod 16
florsocker 66
flott 46
fluga B
flyga 60
flygbolag 11
flygplan 60
flygplats 60
flygresa 60
flygvärdinna I
flykting 75
flytta 37
flytta in 47
flyttbil 47
fläkt B
fläskfärs 22
fläskkotlett B
f.n. 75
FN
folk 48
folkdans 12
Folkets Hus 72

222

Folkpartiet 36
fordonsteknisk linje 57
form 32
formellt subjekt 67
fort 71
fort: så fort 14; 71
fortfarande 5
fortsätta 29
fot I
fot: till fots 60
fotboll 15
fotboll: spela fotboll 15
fotbollssko 65
foto 11
fotoaffär 24
fotografera 24
fotografering 24
fr. 75
fram 58
fram: rakt fram 50
fram: ta fram 44
fram och tillbaka 5
fram till 22
framför 14
framifrån 58
framlänges 58
framme 58
framsida 13
framtid 51
framtidsplan 57
framåt 58
framåt 61
Frankrike 70
fransk B
franska 21
fransman B
fransyska B
fredag 8
fredagseftermiddag 37
frekvens 59
frestelse: Janssons frestelse 32
fri 14
fridlyst 73
frimärke 11
frisk 14; 27
frisörska 42
fritid 35
fritidsgård 51
frostsalva 63
fru 1
frukost 8
frukostvana 34
frukt 16
fruktträd 67
frysa 56
frysa: det fryser 21
frysfack B
frysskåp B
fråga 4; 10
frågande adverb 62
frågebisats 27
frågeord 10
frågetecken 1
från I
frånskild 8
främmande 60
fröken 75
ful 37
full B
fullmåne 44
futuralt perfekt 33
futuralt presens 19
futurum 19
fylla i 74
fylla sin fritid 69

fylla år 23
fynd 62
fyra 1
fyrarumslägenhet 3
fyrstavig I
fyrtio 2
fyrtionde 13
fysik 17
få 6; 36; 56
få: vad får det vara? 6
få: får jag be 26
få: får jag presentera 12
få upp 58
få veta 16
fågel 28
fågelbo 73
fågelägg 73
fånga 67
fåtölj 9
färdig 5; 57
färg 37
färg-TV B
färga 69
färja B
födas 51
född 13
födelse 29
födelsedag 23
födelsedagspresent 23
födelsedatum 56
födelsenummer 56
födelseår 56
följa 51
följande 45
fönster 9
för 3; 5; 6; 17
för all del 5; 61
för att 6
för närvarande 75
för... sedan 21
för: vad är det för? 13
föra 72
föra bort 71
förbi: fortsätta förbi 62
förbi: gå förbi 47
förbi: köra förbi 50
förbjuden B
Förbundsrepubliken Tyskland B
fördragen 65
före 7
före: kvällen före 44
före detta 74
föregående 74
förekomma 60
föremål B
förening 30
förenklad 13
Förenta Nationerna 75
Förenta Staterna B
företag 11
förfluten tid 68
förhållande 75
förklara 54
förkläde B
förkortning 75
förkyld 14
förlag 26
förled 48
förlova sig 55
förlovning 40
förlåt 30
förmedling 75
förmiddag 8
förmå 32
förmån 75

förnamn 11
förr 68
förr: förr eller senare 72
förr: förr i världen 27
förra 21
förresten 46
förrgår: i förrgår 13
förrän: inte förrän 5
förrätt 32
försenad 5
försiktigt 47
förskräcklig 72
förskräckt 65
förslag 45
först 22
första 1
första: för det första 73
förstå 36
förstås 12
försvinna 72
försäkring Ö 75
försäkringskassa 74
försäljare 26
försök 34
förtjusande 38
förut 68
förverkliga 71
förälder 12
förändra 70

G
g 32
g. 75
gaffel 11
gammal 3
gammal: hur gammal är? 3
Gamla Stan 62
ganska 21
garage 70
garderob 16; B
gardin 11
garn 69
gata 1
gatukorsning 71
gatukök 48
ge 6; 67
ge sig av 35
ge sig iväg 25
ge sig på 72
ge sig ut 69
gemensam 68
gemenskap 51
genast 56
generation B
genetiv 2
genom 61
genom att 61
genus 3
geografi 10
get B
gift I
gifta sig 40
gitarrist B
gjord 59
glad 8
Glad Midsommar! 44
Glad Pingst! 44
Glad Påsk 44
glas 11
glass I
glasögon 36
glödlampa B
glömma 63
god 13

God Jul! 44
Goddag! I
godis 27
godispapper 27
Godmiddag! 56
golv 11
golvlampa B
gott: Hälsa så gott! 56
gott: Gott Nytt År! 44
grad 32
gram 32
grammatik 1
grammatisk G
grammofonskiva 33
gran B
grannbarn 41
granne 30
gratis 14
grattis 23
gratulation 23
gratulationskort 23
gratäng 32
grav accent I
gravid 60
grek B
grekinna B
grekisk B
grekiska B
Grekland B
gren 73
grind 73
gripa 72
gris I
grundform 2
grundskola 1
grundtal 2
grupp 75
gryta B
grytlapp B
grå 14
gråta 60
grädda 66
grädde 22
gräla 40
gräns 73
gräs B
gräsmatta B
grön 13
grönsak 62
grönsaksdisk 22
gröt 34
gubbe 27
gubbe: lilla gubben 61
gul 13
gulbrun 37
guldbröllop 69
gunga B
gurka 22
gymnasieskola I
gymnastik I
gå 4
gå fram 22
gå förbi 47
gå i skolan 4
gå igenom 64
gå in i 6
gå in på 16
gå mot 44
gå och lägga sig 31
gå omkring 62
gå runt 55
gå upp 39
gå upp i 69
gå ut 8
gå ut ur 7
gå vidare 22

gående 60
gång 29
gång: en gång till 58
gång: för hundrade gången 64
gång: på samma gång 61
gånger 2
gård 67
gälla 16; 32
gärna 49
gäst 32
göra 9
göra av 43
göra upp eld 73

H
ha 1
ha det skönt 13
ha det så bra! 45
ha för sig 52
ha med 24
ha: hur har Eva det? 18
ha: ha ont i 56
haka B
hall 2
hals B
halsband B
halsduk B
halv 5; 22
halv åtta 5
halvtimme 32
halvår 49
halvväten 65
hammare B
hamn B
han 1
hand 22
hand: för hand 49
hand: ha till hands 53
hand: ta hand om 69
handduk 25
handdusch B
handla 6
handla om 33
handling 72
handske 23
handtvätt 53
handväska 72
hans 12
harts I
hastigt 32
hata 4
hatt B
havande 60
havregryn 34
hej! I
hej då! I
hejsan! I
hekto 32
hel B
hela 15
helg 44
helgdag 44
helgon: Alla Helgons dag 44
heller: inte... heller 21
hellre 49
helst 49
heltid Ö 75
heltidsarbete Ö 75
hem 4; 17
hemarbete 35
hemifrån 4
hemma 5
hemmafru I

223

hemmakväll 31
hemsk 28
hemspråk Ö 75
hemspråkslärare Ö 75
hemspråksundervisning I
hemvägen: på hemvägen 8
henne 24
hennes 12
herr 21
herrkläder B
het B
heta 1; 59
hg 32
himmel B
hindi B
hink 39
hinna 5
hinna fram G
hinna i tid 71
hiss 21
hissdörr 58
hissgolv 58
hissmontör 58
historia 17
historisk 33
hit 16
hitta 16
hjul I
hjälm 23
hjälp 74
hjälp! 58
hjälpa 7
hjälpa till 7
hjälpas åt 51
hjälpverb 5
hjärta B
hjärtlig 23
hobby 12
Holland B
holländare B
holländsk B
holländska B
hon 1
honom 24
hoppa in 47
hoppas 47
hos 46
hosta Ö 75
hostmedicin 56
hotell 62
humanistisk 57
humoristisk 33
hund 4
hundra 2
hundrade 13; 23
hundralapp 6
hundväder 28
hungrig 70
hur? 4
hur dags? 7
hur: eller hur? 33
hur gammal? 3
hur har Eva det? 18
hur mycket? 2
hur många? 2
hur var namnet? 26
hus I
husgeråd 74
hushåll 69
hustru 12
husvagn B
huvud 30
huvudrätt 32
huvudsats 27
huvudstad 10
huvudverb 5

huvudvärk Ö 75
huvudvärkstablett 30
hylla 16
hyra 74; G
hyresgäst 53
hålla G
hålla nere 60
hålla på att 36; 48
hålla tyst 43
hållplats 58
hår 43
hårborste B
hård 14
hårdkokt 34
hårschampo 48
hårt bröd B
hårtork B
häftstift B
häl B
hälften 32
hälla 32
hälla upp 33
hälla över 32
hälsa 18
hälsa på 24; 44
hälsning 45
hämta 18
hända 31
händelse 71
hänga 11
hänga upp 35
här 10
här: så här 53
härifrån 27
härlig 32
häromdagen 46
häromveckan 55
häst I
höft B
hög 14; 65
höger: till höger 14
höger: till höger om 15
högskola 57
högst 41
högstadium I
högt 26
högtalare 11
högtidsdag 44
höna B
höns B
höra 27
höra av sig 45
hörn 14
hörsal 25
höst 49
höstkväll 40
hösttermin 57
Hötorget 62

I
i I
i alla fall 21; 59
i morgon 19
i onsdags 21
i övermorgon 13
i: kvart i åtta 5
ibland 8
idag 5
idrott 33
ifall G
ifatt: springa ifatt 51
ifrån 10
igen 5
igår 13

ikväll 19
imperativ 26
imperfekt 21
imperfektträdet 21
in 26
inbjudan 52
Indien B
indier B
indirekt skatt 74
indirekt tal 27
indisk B
indiska B
industri 33
infinitiv 5
infinitivmärke 9
influensa 14
information 16
ingen inget inga 20
ingenjör I
ingenstans 68
ingenting 34
ingrediens 32
ingång 26
inifrån 27
inkomst 74
inlagd 64
inleda 61
innan 31
innanför 58
inne 21
inneboende 60
innehålla 72
innersöm 61
inomhus 67
inrikes 13
insamling 55
instrument 30
inte 4
inte sant? 13
inte... förrän 5
inte... någon 4
intelligent 28
internationell I
interrogativa pronomen G
intim 19
intressant 14
intresse 12
intresserad 26
intresserat 42
inuti 58
invandrare 75
invandrarland 75
invandringspolitik 75
inventarier 74
invånare 37
Iran B
iranier 75
iransk B
iranska B
irreal 71
irritera 30
is I
Island 10
isländsk B
isländska B
islänning B
i st. f. 75
Italien 10
italienare B
italiensk B
italienska B
italienska: på italienska 10
ivrigt 72
iväg: köra iväg 47

J
ja 4
ja/nej fråga 5
jacka 61
jag I
jaha 5
Janssons frestelse 32
januari 13
Japan B
japan B
japansk B
japanska B
jaså 4
javisst 6
jeans 61
jo 18
jordgubbe B
jour 60
jourhavande 56
jourläkarcentral 56
jourläkarmottagning 56
jovisst 68
ju 8
ju...desto/ju 74
jugoslav 75
Jugoslavien 10
jugoslavisk B
jugoslaviska B
juice 34
jul I
julafton 44
juldag 44
juli 13
julklappsproblem 61
jullov Ö 75
jumper 43
juni 13
just 29
just det 46
just nu 14
jämförelsekonjunktion 75
jämlikhet 75
jämn 56
jämt 46
Jämtland 63
järnvägsstation B
jätteglad 23

K
kafé I
kafeteria B
kaffe 31
kaffebryggare B
kaffegrädde B
kaffekanna B
kaffekopp 31
kafferast 7
kaka I
kall 14
kallad: så kallad 75
kallvattenskran B
Kalmar 45
kalsonger B
kam 25
kamera 11
kamma sig 25
kamrat 40
kan: Bo kan tala engelska 5
kan jag få...? 6
kanadensare B
kanadensisk B
kanadensiska B
kanin B

kanna 75
kanot 29
kanske 19
kappa B
karta 1
kartong 22
kassa 4
kasse 44
kassett B
kassettbandspelare 11
kassörska I
kasta 27
kastrull 66
katt I
katten också 28
kattunge B
kavaj B
kedja I
kem 53
kemi 17
kemtvätteri 53
kg 32
kilo 22
kilometer 32
Kina B
kind B
kines B
kinesisk B
kinesiska B
kiosk 6
kjol B
klar 23
klara 41
klara sig själv 73
klass 29
klassföreståndare 44
klassisk 9
klasskamrat 59
klassrum 29
klippa B
klistra in 24
klocka B
klockan åtta 5
klockradio B
klockslag G
klorblekmedel 53
klä 43
klä om sig 64
klä på sig 25
klädborste B
klädd 46
kläder 12
klädhylla B
klädhängare B
klädnypa B
klänning 29
km 32
knacka: det knackar 67
knapp 58
knapphål B
knappt 67
kniv 11
knä 11
knä: i knät 48
knäckebröd B
knäckebrödssmörgås 34
ko 11
kock B
kofta 63
kokbok 32
kokt 34
kol I
kolon 26
komma 5; 26
komma att 57
komma emellan 46

224

komma fel 50
komma fram 25
komma ihåg 50
komma överens om 51
kommentera 24
kommunikation 33
komparation 36
komparativ 36
kompromiss 59
konditionalis G
konduktör 48
konferens 70
konjugation 17
konjunktion 8
Konserthuset 62
konservburk Ö 75
konservöppnare B
konsonant I
konst 33
konstatera 56
konstig 45
kontakt 75
kontor 11
kontorist I
kontrollera 48
kontrollsiffra 56
kopp I
koppla av 19
korg 6
korkskruv B
kors I
korsord 15
kort 14
kort 24; 63
korv 6
korvkiosk Ö 75
kosta 6
kostnad Ö 75
kostym B
kroat B
Kroatien B
kroatisk B
kroatiska B
kr 75
kraftigt 66
krage G
kram 13
krama om 8
kran 64
kriminalfilm 19
kringströdd 65
Kristi Himmelsfärdsdag 44
krok B
krokig B
krona 6
kropp 42
kruka Ö 75
krydda B
krånglig 74
kräfta 67
kräkas 51
kudde 11
kul I
kulspetspenna B
kultur 74
Kulturhuset 62
kundvagn 22
kung 44
Kungsgatan 62
kungaparet 62
kunna 59
kurs 69
kusin B
kuvert 23
kvadratisk B
kvadratmeter 67

kvalitet 37
kvar: ha kvar 33
kvar: vara kvar 61
kvart 5
kvartal 49
kvarter B
kvast B
kvinna 8
kvitto 37
kväll 8
kväll: på kvällen 8
kväll: i kväll 19
kvällskurs 16
kvällsmat 32
kvällstidning 6
kyckling B
kyla I
kyldisk 22
kylig B
kylskåp 65
kyrka 40
kyssas 51
kål I
kälke B
källare 53
känd 14
känga B
känna 8
känna sig 28
kännas 50
kär I
kära 13
kärlek 51
kärleksfilm 19
kö 6
kök 2
köksbord 11
köksbänk B
kökshandduk B
köksklocka B
kökskniv B
köksmaskin B
köksskåp B
köksstol 11
köksträdgård 67
köp 37
köpa 6
köpt 64
köra 4; 5; 62
köra iväg 47
köra på 71
köra ut 35
körkort 20
körkortsbok 20
körsbär 67
kött 32
köttbulle 32
köttdisk 22
köttfärs B
köttätande 60

L

l = liter 32
laga 7; 58
lagad 14
lagom 37; 61
lakan 35
lamm B
lammkött Ö 75
lampa 11
land I
land: på landet 29
landskap B
Landsorganisationen 75

lantbrukare B
lapp 75
larma 72
lasarett 72
lastbil B
lat 28
le 48
ledig 16
ledighet 38
ledsen 30
ledsen: jag är ledsen 30
ledstång B
legitimation I
leka 15
lekkamrat Ö 75
lekplats 27
leksakståg 45
lektion 5
lera 65
leta upp 56
lett B
lettisk B
lettiska B
Lettland B
leva 28
lever B
levnadsstandard 36
lexikon 11
ligga I
ligga kvar 71
lik 63
lika...som 23
lika bra 55
likadan 63
likadan...som 63
likhet 63
likna 63
liksom 31
lillebror 57
lillfinger B
lilltå B
limpa 6
Linero 6
linje 57
Lissabon 68
lista 22
Litauen B
litauer B
litauisk B
litauiska B
lite 16
liten litet lilla små 13
liter 6
litet 41
litteratur 40
litteraturhistoria 33
liv 70
livlig 45
livrem B
livsmedelsaffär 6
livsmedelsarbetare I
livsmedelsavdelning 22
livvidd 61
ljud I
ljum B
ljus 14; 23; 64
ljusna: det ljusnar 21
LO 75
lock B
lokalvårdare I
London 10
lov 59; 73
lov: fråga om lov 73
Lucia 44
Luciadagen 44
Luciakläder 44

Luciakrona 44
luft 27
lugn 39
lugnande 58
lukta 46
lumpen 42
lumpen: ligga i lumpen 42
lunch 7
lunchrum 38
Lund I
Lundagård 50
lunga B
lur 25
lussa 44
lussekatt 44
lyckas 51
lycklig 40
lyckligtvis 71
lyfta 25
lysa 39
lysrör B
lyssna 9
lyxig 62
låda 11
låg 14
lågt 42
lågstadium I
lån Ö 75
låna 12
lånekort 16
lång I
långfilm 15
långfinger B
långfredagen 44
långsam 62
långsamt 42
lår B
lås 37
låsa upp 44
låta 19; G
låta stå 32
låtsas 51
lägenhet 1
lägga I
lägga in 64
lägga ner 22
lägga på 32
lägga sig 31
lägga fram 29
lägga in 24
lämplig 49
län 56
längd 32
länge 22
länge: hej så länge! 25
länge sedan 50
längre: inte längre 17
längs 16
längta efter 45
läpp B
läppstift B
lära känna 75
lära sig 25
lärare I
lärarhögskola 57
lärobok G
läsa 7; 9
läsa igenom 29
läsa ut 33
läsesal 16
läsk B
läskedryck B
lätt 14; B

lättare skador 72
lättmjölk 22
läxa 16
läxa: ha i läxa 16
lök 22
lön 36
löna sig 67
lördag 13
lördagseftermiddag 37
lördagsförmiddag 47
lösa: lösa ett problem 61
lösa: lösa ett korsord 15
löskokt 34
löv 73

M

m 32
madrass B
Madrid 10
mage 61
mager 14
magnecyl 56
maj 13
majstång B
maka B
make 74
Makedonien B
makedonier B
makedonsk B
makedonska B
Mallorca 13
Malmö 3
mamma I
man 19; B
margarin 22
mark 72; 73
mark: i skog och mark 73
markägare 73
marmelad B
mars 13
maskin 11; 17
maskineri B
maskinfirma 18
massor av 66
mat 7; 8
matbord 7
matbröd 73
matematik 17
matlagning 35
matpris Ö 75
matrest 54
matta 14
mattavdelning 37
matvrå B
med 6
med detsamma 53
med flera 75
med mera 75
medan 8
medborgare 75
meddela 72
meddelande 49
meddetsamma 55
Medelhavet 13
medelstor 37
medicin 33; 56
medlem 30
mekaniker G
mellan 7
mellanmål 32
mellanstadium I
melodi 15
memoar 33
men 3

mena 46
mening: det var inte
  meningen 30
mer 32
mera 29
mervärdesskatt 75
mesta: för det mesta 28
metall Ö 75
metallarbetare 17
metallindustri Ö 75
metallindustriarbetare Ö 75
meter 32
m.fl. 75
middag 7
middagsbord 15
middagsmat 29
midjevidd 61
midsommar 44
midsommarafton 44
midsommardag 44
mig 23
mil 32
militär 11
militärisk 42
miljonär 71
min mitt mina 12
miniräknare B
minnas 50
minsann 38
minst 41
minus 2
minut 7
missa 28
mitt i 15
mitten: i mitten 15
mjuk 14
mjukt bröd B
mjölk 6
mjölkglas 65
m.m. 75
mode 46
modell 45
moder B
Moderata Samlingspartiet 36
modern 9
modus G
mogen 14
moln B
moms 74
montör I
moped 12
mopp 39
mor 3
morbror B
morfar 23
morgon 5
morgon: i morgon 13
morgon: i morgonbitti 54
morgon: på morgnarna 61
morgonrock B
morgontidning 75
morgontoffel 44
mormor 23
morot B
morse: i morse 68
moster B
mot 23
motion 35
motor G
motorcykel B
motorväg Ö 75
motsats 3
motsatskonjunktion 69
mun B
mur B

murare I
mus 30
museum G
musik 9
musikalisk accent I
musiker B
muskel B
mustasch 36
mycket: hur mycket? 2
mygg B
mygga B
mynt 6
myra 28
må 45
må han leva 23
mål 75
måla 40
måla om 63
målad 14
måltid 32
månad 13
månadslön 59
månadspeng 59
måndag 8
måne B
många 11
många: hur många? 2
måste 20
mått 61
måttband B
måttlig 53
Mälaren 62
människa 16
människokropp B
märka 72
märkas 50
mätt B
möbel 19
möbelaffär B
möjlig 59
möjlighet 75
mönster 37
mönstrad B
mörk 43
mörkgul 37
mörkna: det mörknar 21
möss: mus I
mössa 63
möta 42
mötas 51

N

nacke B
nagel B
nagellack B
namn I
namnskylt 47
nationaldag 44
nationalitet B
natt 7
nattklubb 62
nattlinne 44
natur 69
naturligtvis 33
naturvetenskap 33
navel B
n b 11
ned 26
nederländare B
Nederländerna B
nederländsk B
nederländska B
nederst 32
nedre botten 11

nedåt 58
negativ 18
nej 4
ner 26
nerdragen 65
nere 27
nerifrån 27
nerslagen 72
nersmutsad 65
nerv 30
nervös 42
nettoinkomst 74
neutrum 3
ni 1; 26
Nilen 38
Nilssons 2
nio 1
nionde 9
nittio 2
nittionde 13
nitton 2
nittonde 13
nittonhundratalet 33
nja 59
njure B
njuta G
Nobeldagen 44
nobelpris 44
nog 46
noga 41
Nordamerika B
nordamerikan B
nordamerikansk B
nordamerikanska B
nordlig B
nordost B
nordostlig B
nordväst B
nordvästlig B
nordvästra B
nordöstra B
Norge B
normal 70
norr B
norra B
norrifrån B
Norrköping 75
norrman 75
norrut 33
norsk B
norska B
november 13
nu 5
nuförtiden 27
nummer G
nutid 55
ny 14
nybörjarbok Ö 75
nybörjare Ö 75
nyckel 58
nyfiken 14
nyfiket 42
nygift 18
nyhet 55
nyligen 68
nyss G
nyttig 73
nyår 44
nyårsafton 44
nyårsdagen 44
någon 4
någonstans 19
någonting 34
något 4
något annat? 6
nål B

nämligen 23
när? 5
när 6
nära 7
närma sig 49
näsa B
näsduk B
näst 37
nästa 19
nästan 24
nöjd 14
nöje 59

O

obekväm B
obestämd form 3
obetonad 44
objekt 24
objektsform 24
obs! 75
observera! 9
obäddad 65
och I
också I
odlad 73
o.d. 75
o.dyl. 75
ofta 8
ogift I
oj då 46
ojämn 56
okej 59
oktober 13
olik 63
olika 15
olikhet 63
olja 48
oljepris 48
oljud 30
olycka 71
om 8; 19; 31
om: be om 6
omkring 42; 67
omodern B
omvänd ordföljd 4
omväxlande 60
onsdag 8
onsdag: i onsdags 21
onsdagseftermiddag 51
ont: ha ont i huvudet 56
ooh! 23
orakad B
ord 2
ordbildning 2
ordentlig 34
ordentligt 70
ordföljd G
ordning 27
ordningstal 13
ordtyp G
oregelbunden 13
organisera 35
orka 35
orkester 30
orm B
orolig 58
orsak G
orsak: ingen orsak 50
orsakskonjunktion 69
os I
oss 24
ost 6
ostadig 29
ostlig B

ostruken 65
ostsmörgås 34
osv. 75
otur: ha otur 5
oval B
ovanligt 43
oväntad 32
oxe 28
oöppnad B

P

packa 44
packa ner 63
packa upp 63
paddla 29
paket 6
Pakistan B
pakistanare B
pakistansk B
pakistanska B
pall 11
panna B
pappa I
papper B
papperskorg B
par 42; 61
paradis 67
paraply B
parfym B
Paris 8
park B
parkbänk 51
parkera 26
parkering Ö 75
parkeringsmätare B
parkeringsplats 67
parti G
partikel 44
pass B
passa 37; 52
passagerare 60
passera 72
passiv 66
pekfinger B
pengar 23
penna 16
pensel B
pension 74
pensionerad I
pensionär 17
pensionärslegitimation 48
pensionärsrabatt 48
pepparkaka 44
per: per familj 55
perfekt 29; 49
perfekt particip 64
perfektsymbolen 29
perrong 48
persienn 44
persiska B
person 3
personbil B
personliga pronomen G
personnummer 16
personvåg B
piano 3
pigg 14
pilot I
pingst 44
pingst: i pingstas 68
pingstafton 44
pingstdagen 44
pipa 36
Pippi Långstrump 8

pittoresk 62
placera 44
placering 31
plan 60
planera 45
plank B
plantering 73
plats 4
platsadverb 27
plocka 73
plocka upp 27
plugga 51
plural 11
plus 2
pluskvamperfekt 56
plånbok B
plötsligt 58
pojke 1
pojkrum 48
pojkvän 51
polack 75
Polen B
polis 72; B
poliskontroll 72
politik 30
politiker 36
politisk 30
polsk B
polska B
populär 32
port 27
portfölj B
porto 13
portotabell 13
Portugal B
portugis B
portugisisk B
portugisiska B
position 15
positionsverb 67
positiv 18; 36
possessiva pronomen 12
post 18
post: med posten 45
postadress 13
postexpeditör B
postkontor B
postnummer 13
postnummerkatalog 13
potatis 22
potatismos 32
praktik 20
praktisk 38
prata 21
precis 44
predikat 70
preposition 15
presens 5
presens particip 60
presensträdet 17
present 11
presentation I
presentera 12
pressbyråkiosk 48
prickig B
prinskorv B
pris 6
prislapp Ö 75
procent 48
program 57
promenad 31
promenera 4
pronomen G
propp B
prova 61
proverb 46

provtur 41
prydnad 26
präst B
psykologi 33
pullover B
pulver Ö 75
punkt 26
pyjamas 25
pyssla 67
på 1
på natten 7
pålägg 34
påminna 42
påsatt 65
påse 16
påsk 44
påsk: i påskas 68
påskafton 44
påskdag 44
påskhelg 48
påståendesats 5
päron 67
pärm B

Q
quechua B
Quist I

R
radergummi B
radiator B
radio 11
rak B
rak ordföljd 4
rakad B
rakblad B
rakhyvel B
rakt 71
rakt fram 50
rand G
randig B
ratt 53
rea: på rea 63
real 71
realisera 71
realistisk 33
recept 32; 56
reception 62
reciprok 50
reda: ordning och reda 27
redo 73
reflexiva pronomen G
reflexiva verb 25
regelbunden G
regn 69
regna: det regnar 21
regnig 38
regnrock B
reklamljus 39
rekommendera 70
rektangulär B
relativa adverb 62
relativa pronomen G
relativsats 9
religion 33
religionskunskap 17
rem B
ren 13; B
reparera 67
resa 16; 48
resa sig upp 64
resdag 63

resebyrå 70
reserverad 62
rest 32
restaurang 19
restauranggäst 39
resultat 29
resväska 48
rik B
riksdag 75
riktig 42
riktigt 19; 34
riktning 16
riktnummer G
ring 48; 53
ringa 25; 52
ringa efter 26
ringa på 44
ringa: det ringer 26
ringfinger 48
ringning: ställa på ringning 63
rinna G
rinna ut 46
riva 66
rivjärn 66
ro 67
roa sig G
rock B
roddbåt 67
rolig 36
roll: spela roll 49
Rom 10
roman 33
romantisk 33
ropa 58
ros 11
rostig 41
rulla 48
rullgardin 65
rum 2
rumsadverb 58
rumän B
Rumänien B
rumänsk B
rumänska B
rund 14
runda 35
runt 15
rusa 34
rusa iväg 63
rutig B
rycka till sig 72
rygg I
rysk B
ryska B
ryss B
råd: ha råd 41
råka ut för 71
rån 72
råna 72
räcka 55
räcka till 67
rädd: vara rädd för 42
räka B
räkneord 2
rättighet 75
rättsvetenskap 33
röd 14
röd: i rött 37
rödmönstrad 37
Röde Orm 33
rök B
rörelseverb 67
rösta 36

resebyrå 70

S
SAAB 45
saga 8
sagobok G
sak 22
sakna 69
saknas 51
sallad 32
salladshuvud B
saltströare B
saluhall B
samarbeta 75
samhällskunskap 17
samhälls- och rättsvetenskap 33
samla 69
samla in 55
samlas 69
samma 8
samma...som 63
sammanbo 60
sammansatta ord I
sammansatta verb 44
sammansättning 48
samtal 18
samverkan 75
sandlåda B
sandstrand 13
sant: inte sant? 13
SAS 60
sats 3
satsaccent I
satsadverb 31
satsbyggnad 1
satsfogning G
sax B
SBP 75
schampo 48
Schweiz B
schweizare B
schweizisk B
schweiziska B
scout 73
se 22
se så! 27
se ut 21
sedan 6; G
sedan: för...sedan 21
sedan: det var länge sedan 50
sedan länge 20
sedan...tillbaka 16
sedel 6
segelbåt B
segla 33
sekreterare I
sekreterarutbildning 69
sekund 59
semester 24
semesterbild 43
semestermånad 38
semesterort 60
semesterväder 38
sen: senaste 61
sent 5
september 13
serb B
Serbien B
serbisk B
serbiska B
serbokroatiska 19
Sergels torg 62
serie 15
servera 32
servett B

servitris B
ses 51
sex 1
sextio 2
sextionde 13
sexton 2
sextonde 13
sidenband 44
sifferuttryck G
siffra 56
sig 25
sil B
simhall 30
simma 30
simning 30
sin sitt sina 40
singular 11
sist 21
sist: till sist 22
sitta 4; 61
sitta barnvakt 8
situation 40
SIV 75
sju 1
sjuk 14
sjukhus 8
sjukpenning 74
sjukskriva 56
sjuksköterska 8
sjunde 7
sjunga 15
sjunka G
sjuttio 2
sjuttionde 13
sjutton 2
sjuttonde 13
själv 10
sjätte 6
sjö 10
s.k. 75
ska 5
skada 71; 72
skaffa 63
skal Ö 75
skala 32
skaldjur B
skandinavisk 60
skatt 36
ske 75
sked 11
skelett B
skicka 23
skida 68
skidglasögon 63
skidsemester 63
skiftnyckel B
skild 8
skilja 40
skiljas 51
skiljetecken 26
skillnad 44
skilsmässa 40
skina: solen skiner B
skinka B
skiva 11
skivspelare 11
skjorta 43
skjuta G
sko 11
skog 24
skogsbrand 73
skola 4; 22
skolbarn Ö 75
skolkamrat 51
skomått 61
skratta 60

227

skridsko B
skriftspråk 61
skrika 58
skriva 9
skriva maskin 17
skriva upp 49
skriva upp sig 53
skriva ut 56
skrivbord 9
skruv B
skruvmejsel B
skrynklig 43
skull: för...skull 75
skulle 22
skulle jag kunna få 6
skulle: jag skulle vilja ha 6
skur I
skvaller 46
skyffel B
skyldighet 75
skylt I
skyltfönster 39
skynda sig 25
skål I
skåp 11
skåpbil B
skägg B
skär I
skära 32
skärbräde B
skärgård B
skärp 64
skön 19
skönlitteratur 33
sköta 17
sladd B
slags: alla slags 62
slags: ett slags 32
slev B
slicka 37
slickepinne 4
slippa 19
slips B
slita ut 61
slott 45
slovak B
Slovakien B
slovakisk
slovakiska B
sloven B
Slovenien B
slovensk B
slovenska B
slut 29
slut: i slutet av 49
slut: till slut 28
sluta 5
sluta med 30
slutbetonad 11
slå G
slå ner 72
slå sig ner 70
slåss 51
släcka 64
släckt 64
släkt 24
släkting B
släktord B
släkttavla B
slänga 44
slänga igen 65
släppa ut 42
slät B
smaka 32
smal 14
smet 66

smord 32
smutsa ner 65
smutsig 43
små 14
småfranska B
småkakor 66
Småland 12
småländsk 67
småningom: så småningom 50
smäll 65
smälla igen 46
smälta 66
smör 6
smörbytta 34
smörgås 23
smörja 66
smörkniv 34
snabb 44
snabbköp B
snabbt 32
snaps B
snart 5
sned 14
snickarbyxor 45
snickare B
snickra 67
snygg 43
snyta sig G
snäll 23
snäll: snälla ni! 26
snäll: var snäll och 45
snälltåg 48
snö B
snöa: det snöar 21
Socialdemokratiska Arbetarepartiet 36
socker 66
sockerbit B
sockerkaka 66
sockerskål B
soffa 9
soffbord 14
soffgrupp 15
sol I
solglasögon 63
solhatt 63
solkräm 63
solig 38
som I; 17
som om 21
sommar 29
sommar: i sommar 29
sommararbete 49
sommarbröllop 55
sommarjobb 49
sommarlov 29
sommarstuga 12
somna 48
somras: i somras 23
son 3
sondotter B
sonson B
sopa Ö 75
sopborste 39
sopnedkast 47
soppa 32
soppåse 47
sortera 53
sova 8
sovrum 2
spade B
Spanien 10
spanjor B
spanjorska B
spansk B

spanska B
spara 23
sparlån Ö 75
specialitet 32
spegel 25
spel 15
spela 15
spela: det spelar ingen roll 49
spik B
spis 9
spisfläkt B
sport 70
sportig 42
sportsida 72
springa 5
springa ifatt 51
sprit 46
språk 19
språkkurs Ö 75
språkvetenskap 33
spår B
spårvagn B
spännande 14
stackare: din stackare 56
stackaren 64
stackars 58
stad I
stadsbiliotek 16
stadspark 72
stam 17
stanna 8
stanna hemma 54
stanna till 47
stark B
stat 74
Statens Invandrarverk 75
station 48
stavelse I
steka 32
stekpanna B
stereo B
stereoanläggning 12
sticka 44
stickad 63
stickpropp B
stig 73
stiga 26
stiga in 47
stiga på 6
stiga upp 25
stiga ur 47
stilla: stå stilla 58
stjäla G
stjärna I
Stockholm I
stol I
stopp 26
stoppa 16
stor 13
Storbritannien B
storlek 37
storstad 62
stortrivas 60
strand 67
strax 68
strax efter 38
strax utanför 16
stressande 60
strimla 32
strumpa 65
strumpbyxor B
strupe B
stryka 53
strykjärn Ö 75
strykjärnssladd 64

sträcka på sig 44
strålande 60
strö 66
strö kring 65
Strömbron 62
strömbrytare B
student I
studera 8
studiebidrag 59
studiemedel 17
stuga 67
stund 25
stuprör B
Sturup 60
stussvidd 61
stycken 32
stå 4; 29
stå: hur står det till? 18
stånd 62
städa 21
städa efter sig 27
städarbete 34
städare B
städdag 65
städerska I
ställa 58
ställa sig upp 58
ställa tillbaka 16
ställa ut 21
ställe 11
ställe: i stället 15
ställe: i stället för 42
stämma: det stämmer 62
stänga 26
stänga av 64
stängd 29
störa 30
stövel B
subjekt 4
subjektsform 24
substantiv 3
sucka 74
sund 42
superlativ 36
supinum 29
supinumträdet 29
svag 53; B
sval B
svamp 73
svar 4
svara 10
svart 14
svensk 34; B
svenska 17; B
svenska: på svenska 10
Svenssons 2
Sverige I
svetsare B
svettas 51
svåger B
svår 75
svår: ha svårt att 58
svårighet 61
svägerska B
svärdotter B
svärson B
sy 29
sy fast 44
Sydamerika B
sydamerikan 75
sydamerikansk B
sydamerikanska B
sydd 42
sydlig B
sydost B
sydostlig B

sydväst B
sydvästlig B
sydvästra B
sydöstra B
symaskin B
synas: det syns 67
synd: det var synd att 64
synd: så synd då 56
synonym 54
syntet 53
syskon B
syssla med 17
systembolaget 46
syster 4; 56
systerdotter B
systerson B
så 8; 20; 33
så: det är bra så 6
så att 23
så fort 14
så här 13
så som 75
så...som möjligt 71
sådan 26
sådan: en sådan 21
såg B
såld 14
säga 5
säga till 6
säga: det vill säga 75
säkert 33
säkring B
sälja 62
sällan 31
sällskap 28
säng 9
sängbord 11
sänglampa B
sängöverkast B
särskilt 22
sätt 38
sätta G
sätta fram G
sätta igång 53
sätta in pengar 63
sätta på 39
sätta sig 62
sätta sig ner 43
sätta sig upp 44
söder B
söderifrån B
söderut B
södra B
söka in på 57
söka upp 48
sömnig 34
söndag 8
söndags: i söndags 68
söndagsförmiddag 72
sönder: gå sönder 46
sötsaker 66

T

ta 6; 30
ta av sig 25
ta bild/kort på 24
ta bussen 16
ta en promenad 62
ta fram 44
ta hissen 62
ta in på hotell 70
ta och prova 61
ta på sig 25
ta sig hem 56

ta sig till 60
ta taxi 62
ta till vänster 50
ta upp 16
tablett 56
tack 5
tacka: tacka vet jag 27
tak 11
taklampa B
tal: direkt tal 27
tal: indirekt tal 27
tal: på tal om 46
tal: 900-talet 33
tala 5
tallrik 11
tamil B
tampong B
tand 25
tandborste 25
tandkräm 25
tandläkare 13
tandtekniker I
tanke 64
tant 23
tavla 11; 29
taxi 26
taxichaufför 62
te 34
teater 33
teaterföreställning 72
tefat B
tekanna 34
teknik 33
tekopp B
tel. 75
telefon 16
telefonhytt B
telefonkatalog 56
telefonlur 12
telefonnummer 12
telefonsamtal 50
temperatur 66
tempus 55
teori 20
termin 49
termos 44
tesked 66
t.ex. 75
tfn 75
thai B
Thailand B
thailändare B
thailändsk B
thailändska B
tia 6
tid 8
tid: ha tid att 31
tid: i tid 5
tidigare 40
tidigt 5
tidning 11
tidsadverb 70
tidskrift 16
tidsuttryck 59
till 4; 32
till sist 22
tillbaka 6
tillbaka: fram och tillbaka 5
tillbaka: sedan . . . tillbaka 16
tillbehör B
tillbringare B
tills 50
tills vidare 75
tillsammans 8
tillstånd 73
tillverka 17

tillåten B
tilläggspension: allmän tilläggspension 75
timme 8
tio 1
tiokrona 6
tionde 10
tiotiden: vid tiotiden 72
tisdag 13
titta 5
titta efter 32
titta igenom 31
titta in 47
titta ner 47
titta på 7
titta upp 47
titta ut 47
tjeck B
Tjeckien B
tjeckisk B
tjeckiska B
tjock 43
tjugo 2
tjugoförsta 13
tjugolapp 6
tjugonde 13
tjugoårsåldern: i tjugoårsåldern 72
tjäna 17; 26
tjänsteman 13
tjänsteresa 62
tjänstgöra 60
toalett 67
toalettpapper B
toalettstol B
tobak 74
tobaksaffär B
toffel B
tofte 12
tolv I
tom 29
tomat 22
tomt 67
ton 32
tonaccent I
toppen 61
torg 22
tork: till tork 35
torka golvet 35
torka sig 25
torkskåp B
torr B
torsdag 13
torsk B
tr. 10
trafik 36
trafikflygare I
trafikljus B
traktor B
trampa 65
trappa 27
trappa: tre trappor upp 11
trappuppgång 27
trasa 39
trasig 65
tre 1
trean 10
tredje 3
tredjedel 74
trerumslägenhet 2
trestavig I
trettio 2
trettionde 13
tretton 2
trettondagen 44
trettondagsafton 44

trettondagshelg 44
trettonde 13
trevlig 13
trevligt: ha det trevligt 51
treårig 57
trivas 50
tro 21
trosa B
trots 69
trots att 44
trots det G
trottoar 72
trumpet 30
trycka 58
tryckaccent I
trygg 36
tråd B
tråkig 27
trång 36
träd 11
trädgård 67
träffa 12
träffas 44
träsko B
tröja 63
trött 14
tröttna 51
tröttsam 48
tsk 66
tull Ö 75
tullman 73
tulltjänsteman B
tumme B
tung 14
tunga B
Tunisien 63
tunn 32
tur 22
tur: ha tur 60
tur och retur 48
turist 75
turk 75
Turkiet B
turkinna B
turkisk B
turkiska B
turlista 48
tusen G
tusende 13
tusenlapp 6
TV 7
TV-antenn B
TV-program 15
t.v. 75
tvungen 30
två 1
tvål 39
tvårumslägenhet 9
tvärtom 60
tvätt 35
tvätta 21
tvätta av G
tvätta sig 25
tvättinstruktion 53
tvättkorg B
tvättlina B
tvättmaskin 53
tvättmedel 39
tvättmärke 53
tvättprogram 53
tvättstuga 21
tvättställ 39
tycka 19
tycka om 9
tyda 53
tyg I

typisk 75
tysk B
tyska 17; B
Tyskland B
tyst 33
tyst: håll tyst! 43
tyvärr 24
tå B
tåg I
tågresa 48
tåla 53
tång I
tårta 23
täcke B
tält B
tälta 73
tänd 61
tända 61
tändare B
tändsticka B
tändsticksask B
tänka 26; 53
tänka sig 68
töa: det töar 21
törstig G

U
U-båt I
ugn 32
Ukraina B
ukrainare B
ukrainsk B
ukrainska B
Umeå 50
umgås 51
undantag I
under 15
underarm B
underbar 13
underhåll 40
underkläder 63
underlakan B
underlägg B
undersöka 56
undertröja B
undervisa 17
undervisning 33
undra 46
ung 14
ung. 75
ungdom 44
unge 27
ungefär 32
Ungern B
ungersk B
ungerska B
ungrare B
universitet 5
upp 27
uppe 27
uppe: vara uppe 71
uppfostran 33
uppgift 16; 69
uppifrån 27
uppleva 70
upplysning 53
Uppsala 7
uppsats 29
uppslagsbok 16
upptagen B
upptäcka 37
uppåt 58

urdrucken 65
urdu B
ursprung 58
ursäkta 5
Uruguay B
uruguayare B
uruguaysk B
uruguayska B
USA B
usch! 33
ut 26
ut med er! 27
ut ur 7
utan 4
utan att 58
utanför 16
utanpå 58
utantill 32
utdragen 64
ute 15
utgift 74
utgång 26
uti 23
utifrån 27
utländsk 47
utläst 65
utomhus 71
utomlands 29
utrikes 13
utropssats 21
utropstecken 26
utrum 3
utseende 72
utsikt 9
utställning 51
uttryck 2

V
vacker 13
vad 1; 43
vad då? 72
vad för . . . ? 19
vad är det för . . . ? 13
vagn 22
vakna 7
val I; 36
valfrihet 75
valtider: i valtider 36
vanlig: som vanligt 45
vanligen 31
vante B
var? 2
var: var sin 60
vara 22; 40; G
vara: vad får det vara? 6
vara med 55
vara med om 33
varandra 8
varannan 8
vardag 44
vardagskväll 15
vardagsrum 2
varför? 17
varifrån I
varje 4
varken . . . eller 30
varm 14
varmrätt 32
varmvattenskran B
varsågod 6
vartannat 8
vartannat: om vartannat 56
varuhus 4
varukorg 6

229

varva 32
vas 14
vatten 29
vattentvätt 53
vattna 64
vecka 8
veckodag 13
Veckorevyn 6
veckoslut 44
veckotidning 6
vem? 1
vems? 12
ventil B
verb 4
verbaladjektiv 38
verka 45
verklig 71
verkligen 5
verklighet: i verkligheten 59
verkstad 7
verktyg B
veta 27
veta: vet du vad! 19
vetemjöl 66
vi 1
vickning 32
vid 6
vidare 5
vidare: och så vidare 75
Vietnam B
vietnames B
vietnamesisk B
vietnamesiska B
vigsel 40
vik B
viking 33
vikt 32
viktig 75
vila 35
vila sig 58
vilja 6; 57
vilken vilket vilka 10; 21
villkor G
vin 32
vind B
vindruvor B
vinexporterande 60
vinna 71
vinter 49
vinterlov 75
visa 53
visa sig 72
visp 66

vispa 66
vispgrädde 32
viss 74
visserligen 67
visst 46; 50
vistas 51
vistelse 75
vit 13
vitaminpreparat 56
vitlök B
vitrysk B
vitryska B
vitryss B
Vitryssland B
vokal I
VOLVO 19
volym 32
vuxen 14
vykort 13
våg B
våga 42
våning 11; 28
vår vårt våra 12
vår 21
vår: i våras 68
vårblomma 22
vårdagjämning 44
vårdarbete 49
vårdare 49
vårdskola 49
våt 43
väcka 71
väckarklocka 25
väder 13
väderstreck B
väg B
väg: på väg hem 55
vägg B
vägguttag B
vägmärke B
väl 8; 33; 38
välbetald 46
väldigt 8
välja 37
välkommen 14
Vänern 10
vän 28
vända sig 59
väninna 51
vänja G
vänlig 26
vänster: till vänster 14
vänster: till vänster om 15

Vänsterpartiet Kommunisterna 36
vänta 5
väntrum 48
värd 14
värdinna 32
värk Ö 75
värka 30
världen 26
världen: vad i all världen! 63
världsdel B
värme 32
värnpliktstid 42
väska 16
väskryckare 72
väster B
västerifrån B
västerut 33
västlig B
västra B
väva 69
växa 61
växla 6; 61
växt 69

W
watt I
wienerbröd B

X
xylofon I

Y
ylle 53
yllevante 63
yngling 72
yoghurt 34
yrke 12
yrkesutbildning 69
ytterdörr 58
ytterkläder 16
yxa I

Z
zebra I

Å
å B
åh! 50
åka 4
åka ut 24
åker B
ålder 47
ålderdom 36
ålderdomshem 49
år 3
år: med åren 69
år: i år 21
årsinkomst 46
årskurs 4
årstid 49
årtal G
åska: det åskar 21
åsna 28
åtminstone 41
åtta 1
åttahundratalet 33
åttatiden: vid åttatiden 51
åttio 2
åttionde 13
åttonde 8

Ä
äga 73
äga rum 40
ägg I
äggkopp 34
äh! 43
äktenskap 69
älg B
älska 67
än 36
ändelse 38
ändå 51
äng B
änka I
ännu 48
äntligen 58
äpple 6
är I
ärm B
ärmlängd 61
ärtor, ärter B
ärva 67
äta 7
äventyr 33
äventyrsroman 33

Ö
ö 10
öga 30
ögonblick: ett ögonblick! 50
ögonbryn B
ögonfrans B
ögonkast: kärlek vid första ögonkastet 70
öl 6
ömt 48
önska 44
önska sig 45
öppen 44
öppna 39
öppnad B
öra 30
öre 6
örhänge B
örngott B
öster B
Östergötlands län 56
österifrån B
österrikare B
Österrike B
österrikisk B
österrikiska B
österut 33
östra B
öva 20
över 15
över: karta över Europa 1
över: kvart över åtta 5
över lördag och söndag 64
överallt 64
överarm B
överens: komma överens om 51
överens: vara överens om 59
övergångsställe B
överkast 14
överlakan B
övermorgon: i övermorgon 13
översikt G
överst 29
överste I
översätta 53
övning Ö 75
övningsbil 20